女性の一生

大日向雅美
恵泉女学園大学学長

日本評論社

はじめに

この本を若い女性たちに向けて書かせていただきます。娘をもつ母親たちにも読んでいただけたら幸いです。また、女子教育やさまざまな場で女性の生活支援に携わっている人々と共に女性の生き方を考えることができたらと思って、筆をとっています。

今、女性たちはとても良い時に、女性として生まれ、生きようとしています。親も教員も、そして、地域の社会教育等の関係者にとっても、良い時に娘を授かり、また女子教育に携わり、その支援の一翼を担える時を迎えています。

なぜでしょうか？　女性活躍の時代を迎えているからでしょうか？

答えは、イエス・アンド・ノーです。ここ数年、国をあげて女性活躍促進がうたわれています。〝2020 30運動〟（2003年6月に内閣府・男女共同参画推進本部が決定した「社会のあらゆる分野において、2020年までに指導的位置に女性が占める割合を少なくとも30％程度とする目標」）をはじめとして、女性の地位向上に努めた先人たちの働きが実りつつあることを嬉しく思います。

でも、本当に女性活躍の時代を迎えているかというと、けっしてそうではありません。むしろ、女性活躍とは真逆の現象があちこちに見られます。ただ、女性活躍の言葉が時代のキーワードとなったからこそ、そうした現実をあらわにすることができるのではないかとも思います。

そうであればこそ、私は〝真の女性活躍の時代〟を到来させるチャンスだと訴えたいのです。女性活躍が話題となっているからこそ、課題が明確となったのであり、乗り越えるべき壁を示されたのだと考えたいと思います。言葉を換えれば女性活躍が道半ばであるからこそ、〝真の女性活躍〟に向けて改めて考え、一歩踏み出すときを与えられているのではないでしょうか。

本書では、私たち日本女性が、今、そして、これからをどう生きたらよいのか、足元の課題の一つひとつをしっかり見つめながら、女性としてのあり方をご一緒に考えることができれば幸いです。

女性の一生・もくじ

第5章　〝生涯就業力〟を生きる女性たち

第1章

〝置かれた場所で咲きなさい〟とは言えない

ちゃんと生活していきたい

今、〝高大連携〟といって、大学の教員が高校に出向いて講義をし、高校生に大学での学びを紹介することがよく行われています。私も時折、いろいろな高校に〝出前授業〟として赴きますが、ある女子高等学校で講演をしたときのことです。テーマは「女性の美しさ―女性活躍時代にしなやかに凛として生きるために」。50名ほどの女子高校生の皆さんが笑顔いっぱいで迎えてくれました。

話を始める前に「皆さんは、これからどんな人生を送りたいですか？」と尋ねてみました。すると一人の生徒さんが小首を傾けながら、「この先、うれしいことばかりではなくて、つらいこと、大変なこともたくさんあると思うけど、ちゃんと生活していきたいです」と応えてくれたのです。

〝ちゃんと〟は、きちんと、まじめに、たしかに、という意味です。「ちゃんと生活していきたい」は地味に聞こえますが、なんと素敵な言葉なのでしょう。まだ十代の若い女性の口から出されると、一層、輝きを増すように思える言葉でした。

その時、ふと私の脳裏をかすめた花がありました。それは野の花でした。野の花は温室ではなく地に根をおろして咲く花です。風に揺れ、ときに冷たい雨に打たれますが、けっして折れることなく咲いています。たしかな力強さを秘めて、なお美しい。「ちゃんと生活していきたい」という女子高生の言葉が「野の花のように生きたい」というように聞こえたのです。

でも、この連想は即座にかき消されました。なぜでしょうか？

野の花が置かれた場所の過酷さ

野の花といって思い出されたのが〝やはり野に置け蓮華草〟だったからです。「蓮華草は野に咲くからこそ美しいのであって、家に飾っても特段美しくはない。自然のままが最もふさわしいように、人にもそれぞれに合った環境がある。そのなかで幸せな道を見つけるべきだ」というたとえとして、一般的には言われています。

今風に言えば〝置かれた場所で咲きなさい〟ということでしょうか。少し前ですが、カソリックのシスターがお書きになってベストセラーになった本のタイトルでも使われていましたので、ご存じの方も多いことと思います。胸打つ言葉がたくさんあるすばらしい本です。

ただ、〝やはり野に置け蓮華草〟のもともとの出所を知って、私は愕然としたのです。そもそもは江戸時代中期の俳人で富豪の滝野瓢水《ひょうすい》が、遊女を身受けしたいと言う知人に、そんなことはしない方がいいという忠告として「手に取るなやはり野に置け蓮華草」と詠んだものだったとか。蓮華草の置かれた場所とは、遊郭だったのです（三熊花顛『続近世奇人伝』中央公論新社、２００６年）。

国際統計が示す日本女性が置かれている場所

野の花の影になんとも残酷な光景が重なって見えますが、しかし、これはけっして江戸時代の話ではないことに、さらに愕然とする思いです。

世界経済フォーラム（ＷＥＦ）が２００６年から毎年、ジェンダー・ギャップ指数を発表しています。ジェンダー・ギャップ（男女の格差）のないことが社会をより発展させるとの認識から、その解消を目指して各国の男女平等の度合いについて、経済、教育、保健、政治の４分野14項目で男女格差の状況を指数化し、国別に順位をつけたものです。

日本は従来から下位にあって、〝経済大国、女性小国〟などという言われ方もしていたところですが、〝ジェンダー・ギャップ指数2020〟ではなんと153か国中、121位（2019は149か国中110位）にまで下がってしまったのです（図1参照）。主要7か国（G7）では最下位です。

なお、日本社会におけるジェンダー・ギャップ指数について、分野別にみると、「経済分野」は115位、「教育分野」は91位、「健康分野」は40位、「政治分野」は144位です。

ここで明らかなように、日本の特に大きな問題は「経済分野」と「政治分野」での遅れです。経済分野の小項目では「管理職ポジションに就いている男女の人数の差」は131位、政治分野の小項目では「国会議員の男女比」135位、

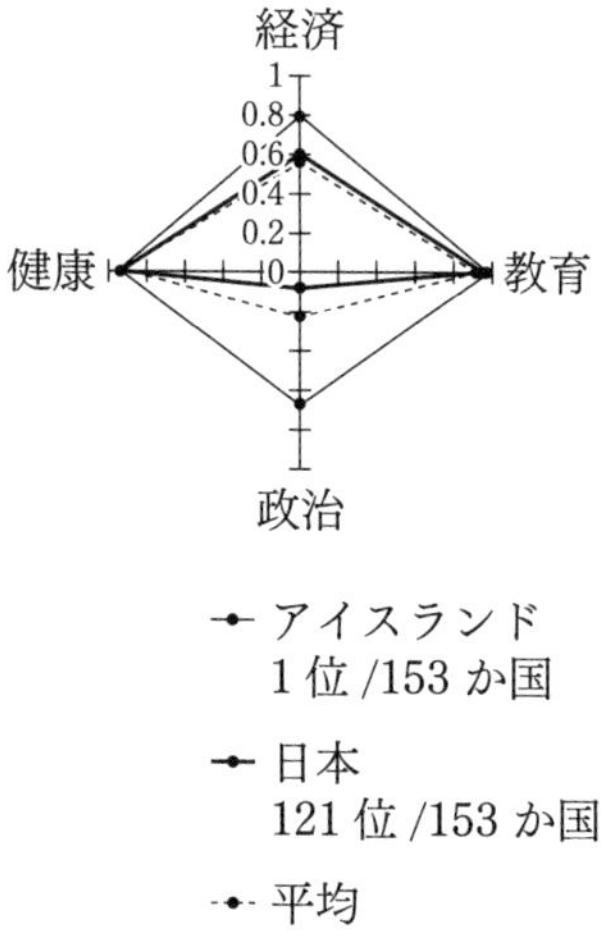

順位	国　名	値
1	アイスランド	0.877
2	ノルウェー	0.842
3	フィンランド	0.832
4	スウェーデン	0.820
5	ニカラグア	0.804
6	ニュージーランド	0.799
7	アイルランド	0.798
8	スペイン	0.795
9	ルワンダ	0.791
10	ドイツ	0.787
15	フランス	0.781
19	カナダ	0.772
21	英国	0.767
53	米国	0.724
76	イタリア	0.707
81	ロシア	0.706
106	中国	0.676
108	韓国	0.672
121	日本	0.652

図1　ジェンダー・ギャップ指数（2020）上位国及び主な国の順位と分野別比較（内閣府男女共同参画局総務課資料）

「女性閣僚の比率」139位、等々です。経済と社会は人々の暮らしの要となるものですが、そこへの参画の男女比において日本は女性の存在が際立って低いということです。

女性を人として尊重する視点の乏しい日本社会

教育水準の高さを誇り、女性の高学歴化も進んでいる日本、2015年には〝女性活躍推進法〟が成立し、女性活躍が国を挙げて高らかにうたわれている日本だ、と誰もが思っているのではないでしょうか。それなのにジェンダー・ギャップ指数のここまでの低さはなぜなのか、疑問は尽きないところですが、そこには2つの原因があると私は思います。

1つは、日本社会はこれまで女性をひとりの人間として、社会人としてみる視点を欠いてきたということです。

第二次大戦後の高度経済成長期から福祉予算削減が図られた低成長期にかけて大半の女性たちが専業主婦となりました。高度経済成長を支えるために男性たちは〝24時間戦えますか！〟というキャッチフレーズのもと企業戦士として仕事に専念し、代わって女性たちが家事・育児・介護を一手に担う性別役割分業体制が敷かれたのです。一方、高度経済成長が終焉を迎えて低成長期に入ると、今度は福祉予算削減のために、育児と介護を家庭内の女性に託す動きが一層、加速化されました。

こうした一連の動きの背後には、当時の政府がとった〝日本型福祉社会〟〝家庭基盤充実構想〟のもと、家庭で育児・介護に専念することが女性の役目として賛美されたことを見ておく必要があります。一方、景気に回復のきざしが見えると、その都度、女性の力が産業に必要だと言われてパートや派遣労働に駆り出されるなど、その時々の政治的経済的要請によって、女性の生き方が決められてきたのです。

これ以上、女性の人生を社会の都合で翻弄させてはならないのではないでしょうか。

女性自身の意識にも問題が

日本のジェンダー・ギャップ指数が低位に甘んじているもう一つの要因は、女性自身の側にもあるのかもしれません。人として主体的に生きる大切さを女性たちがどれだけ認識しているのか、自らが学んだことを社会に活かすことにどれだけ積極的であるかを振り返ることが必要だと思います。

女性は自分の人生を語るとき、よく、「私が選んだ道」と言います。しかし、前述のように、少なくとも近代以降、日本社会の歴史を振り返ってみても、女性が主体的に自らの生き方を選択した形跡はないに等しいと言わざるを得ません。

それでもなお、一部の女性たちは、置かれた場所の問題性についての認識があまりなく、したがって〝正しく怒る〟気持ちも少ないようです。むしろ「今、女性として生きていて何の問題も感じない。お得感の方が強い」という声も聞かれます。「映画館でもホテルのケーキバイキングでも、レディース・デイがあってお得」「男性みたいにがむしゃらに働いて、出世するなんてごめんだわ。責任ばかり重くなるから」「気楽に楽しく生きていきたい。そういう生活を保障してくれる男性をゲットします」等々。セクハラ被害を受けた女性が勇気をもってメディアに顔を出して闘っても、アメリカや韓国の〝Ｍｅ Ｔｏｏ〟運動のような大きなうねりの起こらない国なのです。

もっとも、一生気楽に楽しく生きたいと願うことも、個人の価値観です。他人がとやかく言うことは慎むべきかもしれません。でも、現実はけっして気楽に生きられるとは限らないのです。それなのに、そうした現実に目をつむるとしたら、それこそお気楽に過ぎると、たとえ老婆心だと言われようとも、あえて言わなければならないと思います。

日本女性たちの生きづらさの実態

それではジェンダー・ギャップ指数が示す実態について、いくつかの数字をもとに考えてみたいと思います。

まず次の４つの数字をご覧ください。

「82・2％　v.s.　6・16％」
「7時間34分（3時間45分）　v.s.　83分（49分）」
「53・1％」
「2億7645万円　v.s.　4913万円」

これらは何を意味しているのでしょうか？

「82・2％　v.s.　6・16％」

育児休業取得率の男女比（厚生労働省「2018年度雇用均等基本調査（速報版）」）です。女性に比べ、男性の取得率の低さが際立っています。これでも過去最高と言われています。

「7時間34分（3時間45分）　v.s.　83分（49分）」

6歳未満の子をもつ妻と夫の一日の家事育児時間です。（　）内は育児時間（2016年総務省社会生活基本調査）。

前述の育児休業取得率といい、イクメン現象はまだ一部なのでしょう。これで女性は働けるでしょうか？

「53・1％」

これは第1子出産前後に就業を継続している女性の割合です（内閣府男女共同参画局2018）。働き続けられない女性が半数弱います。

「2億7645万円　v.s.　4913万円」

生涯賃金の差です。育児休業等を取得しながら生涯、正規雇用で働いた場合が前者。子育て等でいったん退職し、非正規雇用で再就職した場合が後者の数値です。なおこの数値は、内閣府『国民生活白書』2005年のものです。その後、久我尚子（ニッセイ基礎研究所『基礎研レポート』2016年）による大学卒女性の生涯所得推計では、前者が約2億6千万円、後者が約6千万円となっています。

こうした数字が示す実態とその問題性は次章で改めて具体的に見ていきたいと思いますが、それを一言で言い表していると思われる、ある女性の言葉を本章の最後に紹介しておきたいと思います。

「私は大学で学んだことを活かして働きたかった。幸せになりたくて、結婚した。そして、幸せな家庭を築きたくて子どもを産んだ。でも、今、子どもを育てながら仕事をしていると、女性が仕事も子育てもと願うことは〝まるで罰ゲームを受けているみたい！〟です」

この方はメディアの最前線で活躍している方です。今、日本社会が掲げている女性活躍のモデルともなるすばらしい方だと私はかねがね敬服の思いでそのお姿を拝見しています。それだけに〝罰ゲーム〟のような思いで日々闘っておられるということに、私は少なからぬショックを受けています。

第2章

女性たちが置かれている現実

現実にもっと目を向けてみませんか

ジェンダー・ギャップ指数、そして、それを裏付けると思われるいくつかの統計数値を前章でご紹介しましたが、こうした数値を示すと、若い女性たちから決まって返ってくるいくつかの言葉があります。

「私は無理に働こうとは思わない。働かなくて済むなら働きたくありません」

「子どもが小さいときは育児に専念したい。子育てが一段落したら、再就職します」

いわゆる若い女性たちの一部にみられている〝専業主婦回帰現象〟です。

●女性の再就職の現実

もちろん、ライフスタイルの選択は自由です。女性活躍が言われる中、多様な働き方も推進されつつあります。子育て期はゆっくり子どもとの時間を大切にして、子育てが一段落した後に再就職するという選択も、望ましい面がたくさんあることでしょう。

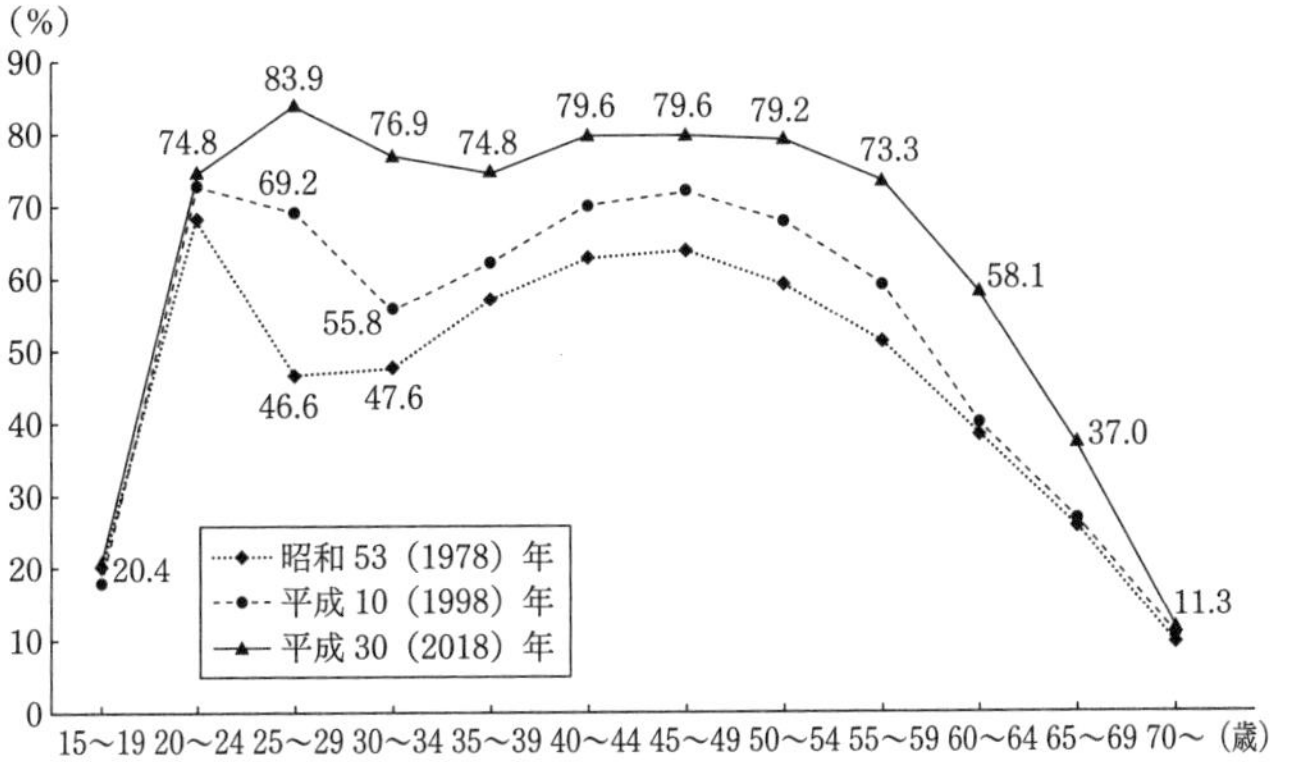

（備考）1．総務省「労働力調査（基本集計）」より作成。
2．「労働力率」は「労働力人口（就業者＋完全失業者）」/「15歳以上人口」× 100。

図2　女性の年齢階級別労働力率の推移

女性の働き方を示す労働力率（15歳以上の人口に占める労働力人口（就業者＋完全失業者）の割合）について、これまで日本は結婚・出産期に当たる年代にいったん低下し、育児が落ち着いた時期に再び上昇するという、いわゆる〝M字カーブ〟を描くことが知られてきました。欧米諸国がほぼ台形を示していることに比べて、日本は女性が働き続けることが難しいと指摘されてきたことを示す一因といわれてきたものですが、近年、そのM字の谷の部分が浅くなってきていて、就労継続や再就

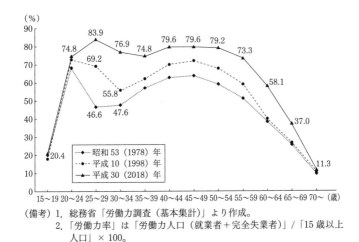

職に明るい兆しがみられるという指摘がなされるようになっています（図2）。

しかし、問題は女性の働き方の実態です。とくに再就職の現実です。

図3に示されているように、男性に比べて女性は非正規雇用が大半で、正規が少ないのが現状です。男性は定年後の65歳以上に非正規雇用が多いことと比べて、女性は40代から50代の非正規雇用が圧倒的に多くなっています。

子育てが一段落した40代から50代の女性の就職率・再就職率は上がっているとはいうものの、その大半が非正規雇用です。そして、その非正規雇用で再就職した場合の生涯賃金の格差が前述のとおりだということです。再就職で正規雇用につける女性は少ない中、生涯賃金のこれだけの差は看過できないことではないでしょうか。

女性の再就職をめぐる問題は賃金格差に限りません。ディーセントワーク（働き甲斐のある人間らしい仕事）が保障されにくいということです。子育てが一段落して再就職したある中年女性のつぶやきが忘れられません。

「子育てを終えて、もう一度働きたいと思っていろいろ職を探しましたが、非

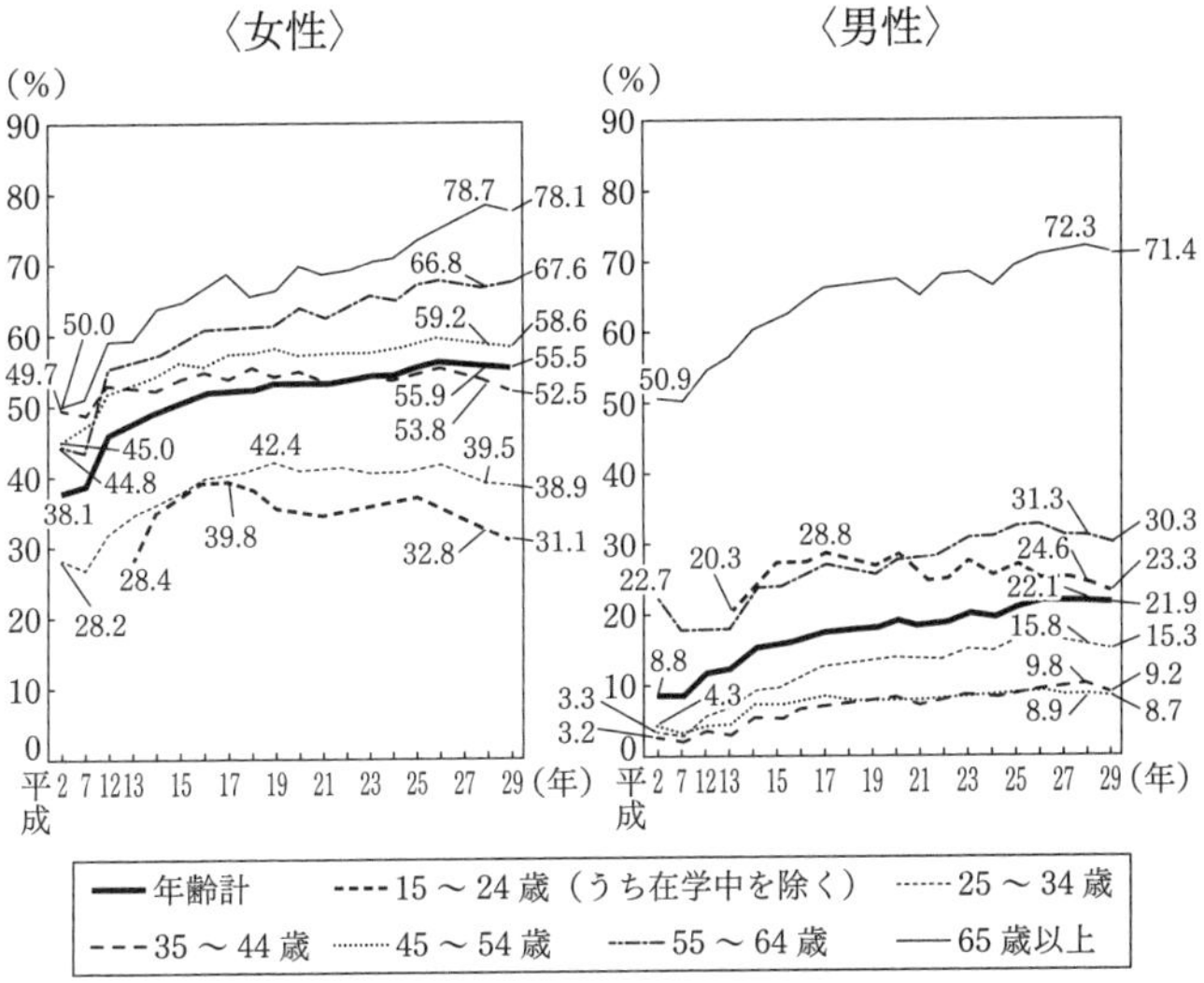

（備考）1. 昭和60年から平成13年までは総務庁「労働力調査特別調査」（各年2月）より、14年以降は総務省「労働力調査（詳細集計）」（年平均）より作成。「労働力調査特別調査」と「労働力調査（詳細集計）」とでは、調査方法、調査月等が相違することから、時系列比較には注意を要する。

2. 「非正規の職員・従業員」は、平成20年までは「パート・アルバイト」、「労働者派遣事業所の派遣社員」、「契約社員・嘱託」及び「その他」の合計、21年以降は、新たにこの項目を設けて集計した値。

3. 非正規雇用労働者の割合は、「非正規の職員・従業員」／（「正規の職員・従業員」＋「非正規の職員・従業員」）× 100。

4. 平成23年値は、岩手県、宮城県及び福島県について総務省が補完的に推計した値。

図3　年齢階級別非正規雇用労働者の割合の推移

正規の仕事しか見つからなかった。でも、それで良いと思ったのです。子育てで10年近いブランクがありました。しばらくはパートで、徐々に職場に慣れていこう。懸命に仕事を頑張っていれば、やり甲斐が見つかるはずだと信じていたのです。でも、その考えは甘かった。パートはパートとしての扱いしか受けない。いろいろとアイディアが出ても、会議に出ることも認められない。いつまでたっても、自分の労力を時間で切り売りする仕事しか与えられないのです。パートの時給は金額が低いだけでなく、その金額で働く人間の価値も低いということなのですね」

繰り返しになりますが、ライフスタイルの選択は自由です。でも、選択は主体的になされてこそ真の自由が保障されるのです。現状は育児休業明けの保育園への入園が難しいとか、乳幼児期の子育ては母親が専念すべきだという三歳児神話等に左右されて、職場を去る女性が少なくないのが現状です。それでもなお、自分の希望で、仮に〝主体的に〟仕事を辞めて、育児が一段落した後に再就職することを〝主体的に〟選ぶというのであれば、再就職の選択も多様であるべきですが、現実はそうではありません。女性の再就職の大半が非正規雇用に偏っているということ、そして仕事場での立場が正規雇用に比べ格段に弱く、女性に対する非人間的な扱いにつながっているという現実に、女性たちはしっかり目を開くべきではないかと思うのです。

●これからは、専業主婦では生きられない

また、次のような声もよく聞きます。

「私の母も祖母も専業主婦です。女性活躍、女性活躍という昨今のムードは母や祖母の生き方を否定されるみたいです」

たしかに、大事な家族の生き方を否定されているように感じてしまったとしたら、嫌な気持ちになるのは至極当然のことです。

こうした声に対して、私は次のように答えたいと思います。

「あなた方のような若い世代の女性が、自分の将来のライフスタイルを決めるときに、いままでのような先輩の世代とは違う選択をするとしても、それはお母様やお祖母様が専業主婦として生きていらしたことを、否定することではけっし

てありません。上の世代の女性たちが専業主婦として家庭のこと一切を担ってくれたおかげで、男性たちは心置きなく仕事に打ち込めました。焼け野原となった第二次大戦後の日本が今日の経済発展を成し遂げることができた背景には、戦後の高度経済成長期から低成長期にかけての〝男は仕事・女は家庭〟という性別役割分業体制が功を奏したことがあります。このことは、その世代の方々への感謝と共に正しく認識することが大切です。

でも、これからの社会は大きく変わると予想されています。急速に少子高齢化が進んでいる日本社会は、これまでのような性別役割分業体制では成り立たない社会にすでになっていますし、この傾向は今後さらに続くことでしょう。

人々の暮らしを守る社会保障が性別役割分業体制を基本とした〝1970年代型〟から〝全世代型社会保障〟へと大きく方向転換しています。〝皆保険は皆労働が基本〟という考えも打ち出されています。

もちろん、働き方は多様であって良いし多様であるべきですが、医療・年金・介護・子育てという私たちの暮らしの基本を支えるためには、老若男女を問わず、自らの暮らしも社会も皆で支えあい、そのために一人ひとりができることを担っていく社会の構築が必要になるでしょう。

あなたが一生、暮らしに困らずに、自分らしく、専業主婦として生きるためには、いくつもの条件、それもあなた自身に決定権のない、あるいは決定権の少ない条件が必要です。たとえば夫が病気もせず事故死もしない、夫の会社が倒産せず、リストラにもあわず、転職することもなく、生涯、経済的な安泰が保障され、夫との離婚もない、等々の条件が必要です。相対貧困が大きな社会問題になっていますが、単身女性の３人に１人、母子世帯の５７％が貧困に苦しんでいることは、それだけ女性が自由に生きられていない社会であることを示す一例でもあるのです」

女性の高学歴化と共に女性の社会参加が叫ばれて久しくなりますが、女性たちの間に専業主婦志向が消えず、むしろ、女性活躍が叫ばれる中、逆にそこに背を向けるかのような傾向は、せっかくの女性活躍を無にするのではないかと思えて

用語解説――社会保障制度について

●社会保障はこの社会に生きるすべての人が人間らしく暮らせることを保障するものです。従来は「医療」「介護」「年金」の３領域だけでしたが、２０１２年８月の「税と社会保障の一体改革」法案の成立で、「少子化対策・子育て支援」が加わりました。

●社会保障制度改革の方向性（国民会議報告書2013より一部抜粋）

①「1970年代モデル」から「21世紀（2025年）日本モデル」へ

高度経済成長期に確立した「1970年代モデル」の社会保障から超高齢化の進行、家族・地域の変容、非正規労働者の増加など雇用の環境の変化などに対応した全世代型の「21世紀（2025年）日本モデル」の制度へ改革することが喫緊の課題。

②すべての世代を対象とし、すべての世代が相互に支え合う仕組み

「21世紀日本モデル」の社会保障は、すべての世代を給付やサービスの対象とし、すべての世代が年齢ではなく、負担能力に応じて負担し、支え合う仕組み。

③女性、若者、高齢者、障害者などすべての人々が働き続けられる社会

従来の支えられる側、支える側という考え方を乗り越えて、女性、若者、高齢者、障害者等働く意欲のあるすべての人が働ける社会を目指し、支える側を増やすことが必要。

④すべての世代の夢や希望につながる子ども・子育て支援の充実

少子化問題は社会保障全体にかかわる問題。子ども・子育て支援は、親子や家族のためだけでなく、社会保障の持続可能性（担い手の確保）や経済成長にも資するものであり、すべての世代に夢や希望を与える「未来への投資」として取り組むべき。

なりません。

専業主婦として生きることを目指すことも、個人のライフスタイルの自由です。しかし、その自由を生涯手にし続けるには、いくつもの条件が必要なのではないでしょうか。


長年、男女差別の撤廃と女性の地位向上をめざして取り組んできた年配世代の女性たちから、昨今こんな嘆きの声が強まっています。「次の世代にバトンを渡したい。でも振り返ってみると、バトンを受け取ってくれる若い女性たちがいない」と。一方、若い女性たちは「先輩世代が道を切り開こうと戦ったくれたことには感謝したい。でも、髪振り乱して、男性を敵として戦うような生き方には、正直、ひきます」と言うのです。

もちろん、専業主婦志向を表明する一部の若い女性たちの気持ちも分からなくはありません。女性活躍とはいうものの、そこに自分たちが目指したいようなモデルを見いだせないということだと思います。モデルがいないのだから、自分たちが新たなモデルを創るチャンスなのですが、かえって逆の動きに走るのも人間心理なのかもしれません。

以前、都内のある大学で非常勤講師を務めていたことがあります。ジェンダーをテーマとした講義の中で、先ほど示した生涯賃金の差について話をしたときの2人の女子学生の反応が忘れられません。

「私は働くつもりはありません。あえて誤解を恐れずに言いますが、私くらいの美貌があって、しかも出身大学のブランド名があります。一生何不自由なく生活をさせてくれる男性をゲットする自信があります」

「たった2億ですか！」

女性の心のひだに侵食するものの正体

女性差別が歴然としていた時代と違って、今は男女平等が行き渡っているように見える時代です。「男女平等はとっくに実現されている。女性活躍推進法をはじめとして様々な制度や施策もすでに打ち出されている。あとは女性次第だ」という声もあちらこちらから聞かれます。でも、女性の生きづらさがけっして解消されていないことは、これまでも見てきた通りです。女性の時代とか女性活躍が高らかにうたわれているだけに、かえって女性たちにとっては生きづらさの少なくない時代なのではないかと思います。

もっとも、女性活躍の必要性がしきりに叫ばれている昨今です。もう一歩、あともう一押しで社会が大きく動きだす可能性も見えてきています。今こそ女性たちが現実に目を開く必要があると思うのです。でも、それをさせなくしている何かがあるのではないでしょうか。先の２人の女子大生の言葉にもそれがうかがわれます。女性たちに現実を直視させずに、現実から逃げ腰にさせている何かがあると思えてなりません。胸の奥深くにそっと侵入し、気づかないうちに後ろ向きの姿勢を固めさせてしまっているものの正体を明かしたいと思います。

そこで、まずご紹介するのは、人の動機についての心理学的研究です。人間の動機には２つのものがあると考えられていました。

1つは〝成功達成動機〟、もう1つは〝失敗回避動機〟です。

何かに挑戦しようとするとき、一所懸命努力をして何とかして成功させようという動機が〝成功達成動機〟。その反対に極力、失敗は避けたいという動機が〝失敗回避動機〟です。進学や就職活動を例に考えるとよくわかるかと思います。

ところがこれは男性を対象とした研究の知見でした。女性にはこの2つの動機では測りきれないもう1つの動機があるということが、やがて明らかにされました。それが〝成功回避動機〟です。

あえて成功することを避けようとするなんておかしいと思いませんか？　でも、実際、あったのです。マティナ・ホーナーというアメリカの社会心理学者が発見した動機でした。

たとえば、当時のアメリカの大学で、成績優秀者のリストが構内に掲示されると、その中に名前があがっていた女子大生が血相をかえて教務課に文句を言いに行ったとか。「どうしてくれるんですか？　今週のデート、彼にキャンセルされちゃうじゃないですか！」と。成績が良いと、男子にモテなくなって女の子としては大損害だということだったようです。

これは一例にすぎませんが、女性が社会的に成功すると、女性としては生きづらくなるということを女性自身が恐れて、あえて成功を隠したり、成功することから身を引こうとするということです。男性の前では、わざと愛らしくふるまう〝ぶりっ子〟現象も、それに該当します。

ただ、マティナ・ホーナーの研究は1968年のものです。今から50年余り前の研究です。当時は全米中に女性解放運動の旋風が沸き起こったときでした。「女性の自立を妨げているのは男性社会ではない。女性自身の心の中に潜む男性への甘えと媚ではないか」と訴えて、ベティ・フリーダンが全国女性組織NOW(National Organization for Women)を立ち上げたのが1966年、そんな時代のことでした。

日本のメディアも罪深い

女性活躍と女らしさを対立的にとらえる動きは、とりわけ日本社会には顕著にみられるようです。

ＮＨＫの朝ドラ（連続テレビ小説）もその一例です。私はこの番組のファンで、長いことずっと視聴してきていますが、時折、「それはないでしょ！」とテレビの前で叫ぶことがしばしばです。

たとえば『ちりとてちん』（２００7年10月〜２００8年3月放映）。自分に自信がない〝喜代美〟（役：貫地谷しほりさん）が、高校卒業後に一念発起して、故郷の福井県小浜から大阪へ出て、落語家を志すという物語です。貫地谷しほりさんの屈託のない明るい演技で朝のひと時が文字通り明るくなっていたのですが、彼女が死力を尽くして立ち上げた落語の常設小屋のこけら落としの日の初舞台で、なんと「落語家を辞める」と宣言をするのです。理由はちょうど出産して母となったので、母として生きる道を選ぶということでした。自分の母親がそうして育ててくれたように、と。

母親としての日々を大切にすることは私も大賛成です。でも、なぜ両立を考えないのか？　子どもに手がかからなくなるまで舞台の回数を減らすなど、子育てと仕事のバランスの図り方はいくらでもあるでしょう。もちろん生易しいことではないとは思います。でも、同じく落語家修行中の夫や周囲の力を借りながら頑張る姿も見せてほしかった。それまで落語家を目指して頑張り続ける姿を応援してきた者にとって、肩透かしを食らうような思いでした。一緒に見ていた夫が「もう、見たくない！」とつぶやいたのが、唯一救いでした。

もう一つ『さくら』（2002年4月～2002年9月放映）です。

ハワイ生まれのさくら（役：高野志穂さん）が自分のルーツを知りたいと岐阜県飛騨高山に来て英語教師となるのですが、いろいろな顛末の果てにハワイ大学に専任教員としての職を得ます。彼女の年齢からしても業績からしても破格の待遇だと驚きつつも喜んで見ていましたら、なんと「女性の幸せは結婚だ」という祖母の言葉で、急遽、恋人（役：小澤征悦さん）の待つ日本に帰ってしまいます。大学関係者へはたった1枚の置手紙だけ残して。こんな振る舞いは社会人としてあり得ないですし、大学の人事上も許しがたいこととあきれました。

さらには、岐阜でいろいろと彼女の世話を焼いてくれていた下宿先の奥さん（役：浅田美代子さん）が地方の懸賞小説に当選して頭角を現し始めるのですが、続編の執筆に苦しみます。プロとして仕事をするうえで誰もがぶつかる壁だと思いますが、家族は応援するどころか、机に向かってばかりで家事がおろそかになりがちだと反対。「お母さんの味噌汁を飲みたい」という家族の声であっさりと作家業を断念し、あろうことか夫に東京の出版社まで付き添ってもらって仕事を断りに行くというストーリーでした。

女性が母として妻として生きることはとても素敵で大切なことだと思います。でも、なぜそれが仕事と対峙して描かれるのでしょうか？　女性が結婚や家事を前にすると、人としての人格まで奪われかねない、そういう顛末には、吐息しか出ませんでした。

もっとも、ＮＨＫの朝ドラにも強い女性が母親として登場することはありました。その一つが『まんてん』（２００２年９月〜２００３年３月）でした。気象予報士となることをめざす女性〝まんてん〟（役：宮地真緒さん）のふるさとである沖縄の母親（役：浅野温子さん）と大阪の下宿先で世話をしてくれる女性（役：宮本信子さん）の二人です。

沖縄の実母も大阪で母親役を務めてくれる女性も、非常に強く手ごわい女性に描かれていました。いずれもまんてんのためを思っての厳しさですが、あまりの厳しさに視聴者から「母親があんなに厳しかったら、子どもは誰に受け入れてもらえばいいのか？　母親のやさしさを経験しないで育つと、心に傷を残すのでは？」と心配する声がたくさん寄せられたとのことでした。

こうした声を寄せる人々の多くは「厳しいことを言うのは父親の役割」「うちでは社会のきまりを教えるのは父親に任せている」と、〝厳父慈母〟を理想とする考え方をする方々のようでした。

そういえば、まんてんの実母も、大阪で母親代わりを務めてくれる下宿先の女性も、夫のいない設定でした。前述の『さくら』の実母も下宿先の奥さんも、ほのぼのとしているのですが、こちらには夫がいました。イエスとノーをはっきり言って、毅然とした強さを示す母親には夫がいないのです。つまり妻や女性として描かれないということなのです。

もっとも、『さくら』も『ちりとてちん』も『まんてん』も10数年も前の放送です。女性を主人公として描いているがゆえに、その時代の女性観を反映しているのかもしれません。さすがに今はと思いきや、再び、同じようなシーンを最近見てしまいました。

女性陶芸家をモデルとした『スカーレット』（2019年9月～2020年3月）です。信楽焼きで有名な滋賀県信楽を舞台に、女性陶芸家の一生を描いたものです。主役の〝川原喜美子〟を演じる戸田恵梨香さんの好演はもちろんですが、夫で同業の〝十代田八郎〟を演じる松下洸平さんのフレッシュな人気で大きな話題となりました。

問題のシーンは、経費もかかり危険性も高い穴窯に幾度も失敗しながらも挑戦し続けることを反対する八郎に、喜美子が「あなたも私と同じ陶芸家ではないか。なぜ穴窯に挑戦する私の気持ちをわかってくれないのか！」と詰め寄った時の八郎が発した言葉です。

「僕にとって喜美子は女や。陶芸家やない。ずっと男と女やった。これまでも、これからも。危ないことせんといてほしい」

このシーンは二人が夫婦になって10年以上経った頃です。いまだに妻を女性としてみてくれる夫、妻に女性を求め続ける夫……、欧米の男性のようではありますが、そのシーンの前後からして、到底そんな甘い感傷は微塵も持てませんでした。喜美子の才能に嫉妬する八郎の狡さにしか思えませんでした。

スカーレットのモデルは信楽焼き作家で有名な神山清子さんです。神山さんの夫婦関係は、実は極めて厳しいものがあったと言われています。自分よりも陶芸家として才能を発揮し始めた妻に対する夫の嫉妬に壮絶な苦しみを味わわれたということは、神山さん自身によっても公にされているところです。

もっとも朝ドラでそうした暗い話は避けるべきなのでしょう。結局、『スカーレット』では喜美子と八郎は離婚はするものの、その後も精神的に支えあう場面が幾度も登場していました。それはそれで私も見ていて救われる思いでしたが、前述の八郎のこの言葉には耳を疑いました。八郎は自分の才能に限界を覚え、一方、独創的に自分の世界を築きつつある喜美子への嫉妬に苛まれていたときでした。同業者どうしの嫉妬と苦しみを隠蔽する言葉が「女でいてほしい」という表現となっている。しかも、さわやかで優しさにあふれた理想の夫役の松下洸平さんにそれを言わせるのかと、ずいぶんとあざとい演出に思えてなりませんでした。

しかし、『スカーレット』の喜美子は、夫・八郎のしかけた罠には、はまりませんでした。むしろ、夫との縁を断ち切っても穴窯に挑戦し、とうとう名工となったのです。その点は『ちりとてちん』や『さくら』と大きく違います。やはりそれだけ時代は変わってきた、動き始めているということなのかもしれません。

第3章

時代は動き始めている!　けれども…だから?

女の子はアインシュタインなんか知らなくていい？

『アインシュタインよりディアナ・アグロン』という歌をご存知でしょうか？〝アインシュタインって　どんな人だっけ？　聞いたことあるけど　本当はよく知らない〟〝世の中のジョーシキ　何も知らなくても　メイク上手ならいい〟〝女の子は恋が仕事よ〟〝ママになるまで子どもでいい〟〝ニュースなんか興味ないしたいていのこと　誰かに助けてもらえばいい〟と、博多を拠点とするアイドルグループ〝ＨＫＴ48〟が歌っている歌です。

実は私はこの歌の存在を知りませんでした。大学で担当している「心理女性学」の授業を終えて部屋に帰ろうとした私を一人の学生が待ち受けて、スマホの画面でこの歌詞を見せてくれたのですが、その時には目が点になりそうでした。ノルウェーの教科書に、女の子は男の子に比べて能力が劣っているからという理由で、教科書に〝女の子は解かなくてよい〟というマークがつけられていたことが思い出されましたが、それは１００年余り前の教科書の話です。

前章でも紹介しましたが、「女性の自立を妨げているのは男性社会ではない。女性自身の心の中に潜む男性への甘えと媚ではないか」と訴えて、ベティ・フリーダンが全国女性組織ＮＯＷを立ち上げて、全米中に女性解放運動の旋風を巻き起こしたのが１９６６年、今から５０年以上前のことです。

これまでの１世紀余・半世紀余の時の流れが止まったかのような思いにとらわれている私に、先ほどの女子学生は「先生、私は勉強が好きです」という言葉を残して立ち去っていきました。

翌週、こういった歌詞を聴く最近の女子学生たちは一体どういった感想を持っているのか知りたいと思って、授業の中でこの歌詞をめぐって自由にグループ・ディスカッションをしてもらい、最後に発表しあうというアクティブ・ラーニング方式での授業を試みてみました。様子を見ていると、女子学生たちはなんとも穏やかに談笑しているのです。

「確かにテストの点より瞳の大きさの方が気になったことがあったよね。もっとも高校生の時だけれど」

「歌っているのは私たちと同世代。でも歌詞は中高生向けでは？」

「これって、作詞家の炎上商法じゃない？」


そして、この歌詞に1つひとつ反論を始めたのです。

・難しいことは何も考えない　頭からっぽでいい　ふわり軽く　風船みたいに
　生きたいんだ
⇒からっぽな風船は　しぼんじゃうよ
・女の子は　可愛くなきゃね　学生時代はおバカでいい
⇒可愛いことも大切。でも勉強も楽しい。学生時代おバカだと、一生おバカ
・アインシュタインより　ディアナ・アグロン
⇒なぜ2人を比べるの？　ディアナ・アグロンのこと、わかってるの？
・どんなに勉強できても　愛されなきゃ意味がない

⇒どんなに愛されても　就職できなきゃ意味がない
・たいていのこと　誰かに助けてもらえばいい
⇒そんなふうに思っている人のこと、誰も助けてなんかくれない
・人は見た目が肝心　だってだって　内面はみえない　可愛いは正義よ
⇒たしかに可愛いは正義かも。でも内面からも人は輝ける

（ＪＡＳＲＡＣ 出 ２００５１１１－００１）

なかなか面白い反論に思えました。そこで、「皆さんの反論はわかりました。だったら残った時間で替え歌でも作ってみますか？」と提案したところ、わずか１０分足らずで次々と面白い替え歌ができあがりました。その中から１つを紹介してみましょう。

難しいこと　いっぱい学ぼう
自分の頭で考えよう　地に足つけて

まっすぐ前向いて歩こう
女の子は可愛くなれる
学生時代は勉強しよう
今一番大事なことは　そう　アインシュタインだ
瞳の大きさ以上にテストの点が　気になる
どんなに勉強できるか　それは自分次第
ペンをくるくる回して天才のように
ジョーシキわきまえて
メイク練習しつつ　ニュースも見よう
みんなで助け合おう
女の子は恋も仕事もして　楽しく　自由に
アインシュタインにもなりたいし
ディアナ・アグロンにもなりたいし
もっともっと輝きたい

だってだって　可愛くなりたいもの

この替え歌を恵泉女学園大学のホームページ上にある「学長の部屋」（２０１6年5月９日）で紹介したところ、「今の若い女性の感性、すばらしい！」と全国からたくさんの反響が寄せられました。

(https://www.keisen.ac.jp/blog/president/2016/05/post-4.html)

ディズニー・プリンセスも変身！

一方、第2章でご紹介した女性たちの心に棲みついていた〝成功回避動機〟ですが、後に〝シンデレラ・コンプレックス〟（コレット・ダウリングが１９８１年に提唱）とも言われるようになりました。自分の力で生きていくのではなく、素敵な王子様に出会って、彼に守られて生きていくのが女性の幸せだという考え方です。

しかし、〝シンデレラ・コンプレックス〟と冠名も提供しているメルヘンのお姫さまに、今、大きな変化が起きているようです。
私のゼミ生の卒論『ディズニープリンセスの変遷とそれを支えた女性たち』（恵泉女学園大学2017年度卒業論文：人間社会学部　菊地彩野）を紹介しましょう。

この学生はもともとディズニー映画が好きな学生でしたが、『モアナと伝説の海』を観て、そのストーリーと主人公モアナの描かれ方が、従来のプリンセスと大きく異なっていることに衝撃を受けたということです。

つまり、素敵な王子様との結婚を夢見ている、ただ美しく可憐なプリンセス（白雪姫・シンデレラ・眠れるオーロラ姫）から、自分の意見をはっきりと伝えるプリンセスへ。幸せは待つものではなく、掴み取るというお姫様（アリエル・ベル）へ。さらには周囲の人の個性を認め合いながら、ありのままの自分を愛するプリンセス（アナ・エルサ・モアナ）へと変化していることが認められたということです。（参考：荻上チキ『ディズニープリンセスと幸せの法則』星海社新

書、2014年）

しかも、興味深いのは、そうした変遷を創りだしたのが女性たちだったということです。たとえば、『美女と野獣』（1991年）の制作にかかわったリンダ・ウールバートンは「女性解放運動を経験した私からすれば、ベルのような賢くて魅力的な若い女性がただ王子様が来るのを待っているだけなんて、絶対に受け入れられないことだった」と言っています。

『メリダとおそろしの森』（2012年）のブレンダ・チャップマンは「私が求めていたのは自ら闘い、「ノー」と言えるプリンセス。自分の意見を主張出来るという揺るがぬ自信を持ち、自分らしくあるために闘い、けれども欠点もあるプリンセスにしたかった」

『アインシュタインよりディアナ・アグロン』の歌詞に描かれている〝理想の女性像〟は、ただ素敵な王子様に幸せにしてもらうのを待っているような女性を彷彿とさせるものでした。それは抗いがたく女性の心のひだに忍び込む魔性をもっているようでしたが、そうした危惧を追い払うかのように登場したのが、私の学生たちの手による『アインシュタインよりディアナ・アグロン』への替え歌でした。そして、今、ご紹介したディズニー・プリンセスの変身です。

何が女子大生たちを替え歌づくりに走らせたのか？

女子学生たちは『アインシュタインよりディアナ・アグロン』の元歌に対して比較的穏やかな反応を示していたことは、前述のとおりです。女性差別とか女性蔑視と憤る姿はほとんど見られませんでした。むしろ「この歌詞って、あえて話題づくりなんじゃない？」といった声まで出ていたほどでした。

そんな冷静な彼女たちが、唯一といってもいいくらい不快感を示したのが、ディアナ・アグロンの扱いでした。「この作詞家の男性、どこまでディアナ・アグロンのこと知ってるの？」と言うのです。

私はよく知りませんでしたので、学生に解説をしてもらったのですが、アメリカで大人気を博したテレビドラマ『glee/グリー』（２００９年5月１９日〜２０

15年3月20日）の中で、クイン・ファブレー（Quinn Fabray）という美人で成績優秀なチアリーディング部『チェリオス』のスター役を務めた女優さんということです。クイン・ファブレーは当初は自己中心的な性格で、高校生でスキャンダラスな妊娠をして一時は退部処分になったりするのですが、大会を目指して奮闘するうちに仲間意識が芽生え、やがて部をとりまとめて大きな活躍を果たす役だということです。

クイン・ファブレー役のディアナ・アグロンに女子大生たちが共感しているのは、いろいろな課題を乗り越えながら成長している姿だということです。この役を演じているディアナ・アグロンは、「確かにグラマラスでかわいい。でも、かわいいと、なぜ頭が空っぽみたいに決めつけるの！　そんな男性のステレオタイプ的な女性観にうんざりです！」ということなのです。

さらにドラマの中のクイン・ファブレーは中学時代はあまり美人ではなかったけれど、努力をして美しさを手に入れるという役柄でもあって、そんな姿にも学生たちは共感をもっていました。

「アインシュタインにもなりたいし／ディアナ・アグロンにもなりたいし／もっともっと輝きたい／だってだって　可愛くなりたいもの」という替え歌に込めた思いは、賢さも愛らしさ・美しさも両方ほしいという今の若い女性たちの率直な思いなのです。賢さと女らしさを対立的にとらえるこれまでの女性観への静かなる挑戦とも思えました。

目指したいモデルがいない⁉

女性活躍が言われていながら、ジェンダー・ギャップ指数が世界の中で最低ランクにあることを一例としても、日本の女性の置かれている状況は厳しいの一言です。でも、それ以上に問題なのは、こうした状況をあまりおかしいとは思わない、むしろ男性並みの活躍はしたくないという女性が一定数いることです。

他方で、そうした女性たちを応援するかのような声が少なくないことも事実です。「女性は素直で愛らしいのがいい。出しゃばる女性は嫌われる」「男性は可愛くて素直な女性を好むものだ」「どうせ女の子は結婚して家に入るのだ。小難しいことを考えたりするよりも、亭主をうまく操縦することのほうが大切」等々。

こういうことを言うのは古いタイプの男性ばかりではありません。母親世代の女性たちの中にもいます。さらには若い世代の男子たちの中にも「勉強のできる女子とはつきあいたくたい」「恋人にするなら、素直で可愛い人がいい」「あまり自分の意見を言う女性は嫌われるよ」と言う声もあります。

さて、こうした社会の風潮の中での先の世界経済フォーラムのジェンダー・ギャップ指数なのですが、各国の若い女性たちがこの指数をどう受け止めているのかについて、反応を調べた調査があります（プラン・インターナショナル『リーダーになる―女の子と若い女性が考えるリーダー像の意識調査』２０１９年６月）。それを見ていて、日本の若い女性たちの声の特徴として気になる声は次のようなものでした。

「リーダーシップを取ることに自信がない」

「意に反してリーダーをやらされることがある」
「リーダーになることについて、周囲の人々、特に親からの励ましが少ない」
「18歳を過ぎると、リーダーになる難しさを感じ始める」
「周りに女性リーダーのロールモデルが少ない」

ここで着目しなくてはならないのは、これから活躍する若い世代の女性たちが目標としたい女性リーダー像にモデルがいないということです。さらには周囲からリーダーとなるようバックアップがないということです。むしろ、リーダーとなることから遠ざけるようなムードづくりが根強く残っているということです。その一例が、女の子は可愛ければ何も考えなくていいんだという、前述の『アインシュタインよりディアナ・アグロン』の歌詞だと思います。

男女共同参画社会の実現が２１世紀の課題と言われて久しいにもかかわらず、社会や男性が求める〝女らしさ〟って、いったい何なのかと思わざるを得ません。依然として、愛らしく、やさしく、細やかな気配りができることが女性らしさと信じて疑わないところから踏み出せていない人たちが少なくない、ということでしょうか。それは男性に限らず、女性もです。

もっとも、愛らしく、やさしく、細やかな気配りができることを私はけっして否定しません。人として、大切な要素だと思っています。ただ、なぜそれが女性にだけ求められているのでしょうか？　しかも、ただ素直に従順に、男性に頼って生きることが愛らしいと言われるとしたら、そこはうなずけません。〝女らしく〟あることが〝社会人である〟〝人間である〟ことを否定されるようなとらえ方につながりかねないことに、もっと社会が危機感をもたなければならないと思います。

分断される女性たち

今、日本の女性たち、とくに若い女性たちの意識も置かれている立場も、大きく二分されているように思えます。政府や社会が喧伝する女性活躍の流れに乗って華々しく活躍している女性たち。まさに政府の〝２０３０運動〟が目指した女性活躍そのままを、まっしぐらに走っているように見える女性たちです。一方、そうした女性たちの活躍を傍らで見つめながら、一歩も二歩も引いている女性たち。「私には無理」「活躍できない私は社会に不要ということ？」「これ以上、何を頑張れっていうの！」等々とつぶやきながら、です。

こうして分断される女性たちを見て、ここぞとばかりに参入する声がささやかれています。「だから、女性はお母さんでいるべきなんですよ」「子どもはお母さんが一番なんですから。男の育児なんて、子どもには迷惑な話」「女性活躍という言葉に踊らされて、大切なものを見失って嘆かわしい」「子育て支援なんて推進するから、女性が外で働くことばかり考えてしまうんです。働くことばかりに夢中になる最近の女性って、日本女性の矜持を失ってしまったんでしょうか。情けない！」と。

こうした一部の世論を意識するのでしょうか、キャリア路線まっしぐらの女性も生きづらそうです。

ある講演会で、３０代後半から４０代はじめと思われる２人の女性が自身の生き方と女性活躍について語っていました。お２人とも３人のお子さんを育てながら、職場の中枢でキャリアとして活躍し、国の内外への出張もこなしているというまさにスーパーウーマンです。それでいて仕事と子育ての両立の苦労など微塵も感じさせないオーラを発しているのです。

「子育ては少しも大変ではありませんでした。楽しくて、子どもは可愛くて。仕事もやりがいがあって、興味のあることをやっていたら、上司や周囲からも認めていただいて……。私、ハッピーです」

フロアーは企業や行政でしかるべき地位にある中高年の男性がほとんどでした

が、「素晴らしい。女性活躍時代到来とはまさにこのことだ」と拍手喝采でした。

同じ会場に居合わせながら、私の脳裏に浮かんだのは『わたしたちの就職手帖』という雑誌でした。1980年に当時の早稲田大学の女子学生たちが創刊して、1998年まで18年間続いた日本初の「女子学生による、女子学生のための就職情報誌」です。インターネットも何もない時代の紙媒体の情報誌でしたが、個々の企業の採用実態や女性活用の状況を実名で伝える貴重なメディアとして〝女子学生の就職バイブル〟と呼ばれていたものです。

当時は主要企業の7割以上が大卒女性の採用を行っていなかったという状況の中で、それなら自分たちで門戸をこじ開けようとした女性たちの必死の思いが紙背から伝わってくるようでした。その制作にかかわったOGたちがやがてマスコミを中心に金融、教育分野から国際公務員まで幅広い分野で活躍していくこととなるのですが、そこに至るまでの苦労もまた並大抵のものではなかったと思います。多くが〝紅一点〟の世界で認められるために、男性の何倍も努力をしなければならないことも少なくなかったと聞きます。「だから女はだめなんだ」と言われないように。それでいて男勝りに見えないように、「女のくせに」と言われないようにと。

　こんなことを思い出しながら壇上の2人の女性の話を聞いていたとき、フロアーの男性からこんな質問が出されました。「ところで職場はあなた方にとても好意的だったということですが、ご家庭はどうなんですか？　とくにご主人のことはあまり触れられていないけど」と。

　即座に、2人とも「とても協力的です」とうなずきあっていましたが、そのうちの1人がこう答えました。「新しいお仕事をいただくたびに、ワタシにできるかしら？　その仕事を受けてもいいかな？　って思うんですよ。すると主人が〝やっていいよ〟って許可してくれるんです。それでいろいろなことに挑戦できました！」

　やはりあったのです、グラスシーリング（女性の活躍を阻む見えない壁＝ガラスの天井）が。それを可愛く突き抜けて見せる技をこの女性たちは身につけている。ここでもまたフロアーの男性から沸いた拍手喝采を聞きながら、壇上の若い世代のキャリア女性たちが不憫に思えてなりませんでした。

第2章で述べたNHKの朝ドラ『スカーレット』で、主役の女性陶芸家〝喜美子〟が夫と離婚した後、こんなことを言っていたセリフが思い出されます。「なにかやりたいことがあると、これまでのワタシはいつも許可が必要だった。小さいときはお父ちゃんに一所懸命説明した。結婚してからは八さん（夫）にうかがいをたてていた。今はひとりや。やりたいことはぜんぶ自分で決められる。こんな自由なことがあったのか」と。結局、喜美子は八郎と別れて、自分のやりたいことを貫き通したのですが、自由を得るために払った代償のなんと大きいことかと思います。

『スカーレット』の舞台から数十年も経って、女性活躍旋風のもとキャリア路線まっしぐらの女性たちですが、「夫が許可してくれますので」と小首をかしげて愛らしく答える壇上の彼女たちは、〝喜美子〟よりも大人というか、したたかというか、複雑な思いでした。

社会を変えるのは、〝うつむくあなた〟

もちろん、キャリア路線を邁進している女性たちは立派です。女性活躍の風が吹き始めている今、どうかそれを〝追い風〟として生きてほしいと願う気持ちです。ただ、女性活躍が求められながら、現実は第1章で紹介したあるキャリアの女性がつぶやいていたように、〝罰ゲーム〟を受けるような思いで走らなければならない女性が少なくないのです。

日本社会で女性が活躍することの厳しさを思えば分からなくはないのですが、これ以上自分にも周囲にもウソをつき続けてはいけない、媚を売るのもやめなくては、と思うのも正直な気持ちです。

一方、うつむく女性たちには顔をあげてほしい。顔をあげたとき、そこから、今、あなたがうつむかざるを得ない現状を、社会を、変える力が出ると言いたいと思います。

子育てのつらさをＮＨＫ『すくすく子育て』のスタジオで語ってくれた女性がいました。直接の悩みは、夫の育児協力がなかなか得られないことでした。夫に愚痴を言いたくても、夫の職場の厳しさはよくわかっているだけになかなか言い出だせない。お姑さんも昔気質の方で、男性が育児をすることに理解を得にくい等々、グルグルと螺旋階段をのぼるような苦しさを訴えてくださいました。

その方に私はこう伝えてみました。

「あなたの夫がなぜ仕事にそれほど追われているのか、お義母様の考え方のルーツはどこにあるのか、考えてみませんか。必ずしもあなたの夫やお姑さんの個人的な問題だけではないかもしれません。男は仕事・女は家事育児という性別役割分担で経済発展を遂げてきた社会の中で、男性の働き方もなかなか変わらないこともあるのでしょう。家事・育児は女性の役割だとするかつての女子教育の影響も色濃く残っているかもしれませんね。でも時代は刻々と変わっています。あなたがつらく思うのは、これまでとは違う時代を懸命に生きようとしているから。これからの時代を自分らしく生きられる時代へと変えていくのも、あなたですよ」
　すると、やや間を置いて、その女性がこう言われたのです。
「私が感じていることは私の個人的な愚痴ではないんですね。時代を創ってい
く主役になれるんですね」と。この番組が放映されたとき、全国からたくさんの
あつい応援メッセージが届けられたそうです。「あなた一人だけに闘わせない。
私も一緒に新しい社会に向けて、新しい時代を創るために闘います」と。
　母となった女性たちが感じている「なにか変」「私は幸せではない」という感
覚を、ただの愚痴や涙で終わらせるのではなく、社会を変える力へと転じるとき
を迎えている、そのことを痛感しました。

第4章

新たな女性活躍像を

賢さも美しさも手放したくない

日本社会の女性観が旧態依然としたものから抜け出せないでいる中、前章で紹介した『アインシュタインにもなりたいし／ディアナ・アグロンにもなりたいし』という替え歌を一瞬のうちに創り上げた女子大生たちのセンスは、少なからず衝撃でした。かつての女性解放運動の闘士たちを乗り越えた、現代女子学生たちのなんとも軽やかな〝女性解放宣言〟に他ならないと思えました。

そこで改めてこの替え歌の歌詞に込められている女子大生たちの胸のうちに思いをはせてみると、これまでの女性活躍のイメージがどこか間違っていたのではないか、新たな女性活躍像が必要なのではないか、という思いがしています。

女性活躍のモデルがいないという声、さらには『アインシュタインよりもディアナ・アグロン』に素敵な替え歌を創った女子大生たちに今度は私が答える番です。彼女たちの思いは「活躍はしたい、でも、男勝りの生き方なんていや。女性として魅力を感じない！」ということです。

賢さも美しさも手放したくないという思いは、恵泉女学園大学の女子大生だけの声ではないようです。毎年、高校生を対象に大学での学びの一端を各大学の教員が紹介する『夢ナビライブ』という催しが仙台・東京・名古屋・大阪・福岡の５か所で開催され、全国から数多く（２０１９年は１０万人）の高校生が参集しています。私は東京ビックサイトで開催される『夢ナビライブ』に２０１７年から２０１９年まで、３年連続で〝賢く・美しくなるために〟というテーマで模擬講義を行ったのですが、毎回、満席状態でした。さらに感想文にも講義内容に対する熱い思いを綴ってくれた女子高校生がたくさんいました。〝賢く・美しく〟は若い女性たちの多くに共通の目標となっているといっても良いでしょう。

さて、そうは言っても、それでは賢さとは何か、美しさとは何か、と問われると、なかなか難しいように思えます。時代や社会によって、また人それぞれの価値観や趣味等によっても大きく変わるものではないかとも思われます。

ただ、ここでは、女性の生き方という観点から見た〝賢さと美しさ〟、これからの女性活躍時代を生きる女性が身につけるという観点から見た〝賢さと美しさ〟について考えてみたいと思います。

女性の人生は長く、変化に富んでいます。繰り返しになりますが、結婚や子育て・介護などのライフイベントで、人生設計をさまざまに変えざるを得ないのが現実です。しかも、女性活躍の時代と言われていても、女性の人生の行く手には今なお、さまざまな壁が立ちはだかっています。資格やスキルをもっていても、それだけで十分に活躍できるわけではないのです。

だとすると、生涯にわたって自分らしく生きる希望を持ち、目標を探し続ける力を磨くことが大切なのだと思います。それを可能とする「基礎的な知識・理解・技能」「現状を把握し、たくましく解決し続ける力」「他者と共に歩み、共に生きていける力」が賢さではないでしょうか。その賢さに裏付けられてしなやかに、凛として生きる姿こそ、女性活躍の時代を生きる女性の美しさではないかと私は思います。この〝賢さと美しさ〟を秘めて女性活躍時代を生きるための力を、私は一言で〝生涯就業力〟という言葉で提唱したいと思います。

真の女性活躍は〝生涯就業力〟から

●予測不可能な近未来だからこそ

前述のように、これからの女性の生き方で大切なのは〝生涯就業力〟なのではないかと私は思っています。

〝生涯就業力〟とは、生涯にわたって、自分らしい目標をもって、予測不能な激動の時代に適応して生きていく力です。まず、何よりも自分を知り、自分を大切にすることを基本としつつ、共に生きる他者を尊重し、身近な人や地域、社会に尽くすことに喜びを見出す力です。そうした力を磨き続けることで、どこにあっても「なくてはならない人」となれること。その力をもってグローバルに活躍し、誰一人として取り残されることのない平和な社会の実現に貢献することを願うものです。

なぜ、生涯にわたって自分らしく生きる目標を見失わないことが大切なのでしょうか。また〝就職力〟とどこが違うのでしょうか？

〝就職力〟は大切です。学びを終えて社会に出ていく第一歩は就職から始まります。就職したある女性が「自分のお金を得ることが、こんなにも自由になれるとは、想像以上だ」と語っていました。働くことで得る経済力は、精神的な自立の大切な要件となります。

ただ、問題なのは、女性の人生を考えたとき、就職だけで語れないことがあるのではないでしょうか。結婚・子育て・介護など、さまざまなライフイベントに直面して、人生設計を変えざるを得ないことがしばしばです。もちろん、女性だけがこうしたライフイベントを一身に担うべきではないことは言うまでもありません。男性も分かち合うことがこれからの時代は必須となることでしょう。しかし、現状はやはり女性に比重がかかっていることも事実です。そうであればこそ、まず女性たちが、何があっても、自分の目標を見失わない生き方を目指すことが大切なのではないかと思うのです。

さらに、近未来に予想される労働市場の変化を考えたとき〝生涯就業力〟の必要性は看過できないものがあります。

時代は大きな変わり目に直面しています。経営学者ピーター・ドラッカーは「近未来の労働市場は私たちがこれまで経験したことのないような未曾有の激動に見舞われる」と言っています。それはすなわち企業の寿命が労働者寿命よりも短くなり、大学等を卒業して就職しても、そこで生涯働き続けられるとは限らないということです。働く者は一生の間でいくつもの異なる分野で異なる能力を発揮することが求められる、という歴史上初めての現象に直面するということです。その都度、職務遂行に必要な特定の知識・技能の追加修得が必要となるわけです。岐路に立って臆することなく挑戦する志向性とそれを支える動機・価値観・信念、さらには周囲の支援を獲得する積極性・協調性の修得が今以上に求められる時代を迎えるのです。これは社会にとってはピンチです。しかも、このピンチは男女を問わず訪れます。

ただ女性にとっては大きなチャンスでもあると私は考えています。前述のように、これまで女性たちは一直線ではない人生を生きてきました。就職しても結婚・子育て、そして最近は介護も大きな問題となっています。こうしたさまざまなライフイベントに直面して、そのたびに女性たちは生き方を変えてきたのです。変えざるを得なかったのです。しかし、そういう人生を生きてきた女性だからこそ、これからの未曾有の社会変化に柔軟に適応する力を秘めている、そして、発揮できるのではないでしょうか。

●なぜ、共生力?

次に〝生涯就業力〟では、なぜ自分だけの活躍ではなく、身近な大切な人、地域・社会に尽くして生きる力を大切にするのでしょうか?

女性活躍時代を迎えた今、女性たちがめざすのは、これまでの男性がしてきたような競争社会を生き抜くリーダーではない、と考えるからです。単に指導的立場に立つことだけを目標とするリーダー力でもありません。自分自身が輝くことで、周囲の人もまたその人らしく輝けるような配慮を持てるリーダー力です。言葉を換えれば〝分かち合いのリーダー力〟です。

最近の若い世代の一部にみられる現象として気になるのが、「人より目立ちたい」「すぐに結果を出したい」という傾向です。たとえば〝○○大学発ベンチャー〟等がニュースで話題となる昨今です。在学中から起業し、中には億単位の収益をあげているという事例を見たことがあります。才気煥発とでもいうのでしょうか。着眼点の鋭さと実行力には敬服の思いですが、インタビューを受けた人(男子学生)たちが共通に言っていた言葉が気になりました。

「企業なんかに就職したくありませんね。企業に就職したら、課長になるまで最低10年はかかるじゃないですか。それまで埋もれているなんていやですね。自分は目立ちたい人間ですから」

組織に与《くみ》するよりも一匹狼で才覚を表したいという気概は、まさに若さなのだと思います。組織に隷属する悲哀を避けようとすることも理解できます。

ただ、組織は無駄なものばかりではないと思います。意見や価値観が異なる人と話し合いをしながら、企画を遂行していく手間とストレスは小さいものではありませんが、それを避けては生きられないのが人間社会に生きるということではないかと私は思います。スピードと合理性と成果だけでは測れない何かがあると思うのです。仮にベンチャーで起業したとしても、その組織を長く率いるためにはそういった力を培うことも大切だと思うのですが、若いときには届きにくい発想なのでしょうか。

「人は生まれてくるときも一人、死ぬときも一人だ」と、よく言いますが、これは明らかに違います。280日余りを母の胎内で過ごし、母親の産みの苦しみを経てこの世に出てくるのです。出産を待ちわびる父親や周囲の人々に見守られてこの世に生を受けるのです。それはまさに魔法のようなことです。『ファンタスティック・ビーストと黒い魔法使いの誕生』でメインキャストを務めた、エディ・レッドメインとジュード・ロウが、ある番組（NHK『SNS英語術―世界へ発信』）でこんなことを語っていました。「今までに〝魔法みたいな体験〟はありますか？」という司会者の問いに、「父親になったことです。子どもが生まれること、成長すること、父親や母親に似てくること、子ども自身にしかないもの……それら全てが、実に魔法のような体験です。本当に魔法です」と答えていたことが印象的でした。

同様に死ぬのも、一人ではありません。もちろん最期のときの迎え方はさまざまでしょう。だれにも看取られずにその時を迎えることもあります。でも、その人のことを思い続けてくれる人がきっといるはずです。残った人の中に生き続ける限り、人は一人で死んでいくのではないと私は思います。そうであればこそ、身近な大切な人のために生きる意義もまた忘れてはならないのではないでしょうか。大切な人、さらにはこの世に命を授けられたすべての人が、豊かに、平和に生きられるよう、力を尽くす女性となることの大切さをけっして軽視してはならないのです。

他者を思う心の大切さは、世界中が新型コロナウィルス感染拡大の恐怖に陥っている今、改めて考えさせられます。社会のあり方や人々のコミュニケーションについて多くの著作を世に送り出している作家の平野啓一郎氏は、「国連の安全保障理事会では世界の紛争の停戦も議論されています。第一次世界大戦の終結もスペイン風邪の影響が大きかった。人間同士が戦争や紛争で殺し合う余裕さえなくなってきたし、〝自分さえよければ〟という生き方では、最終的には社会が壊れてしまう。もう格差社会や自己責任論ではいよいよ立ち行かないと思う。世界がいい方向に進むようなビジョンを一人ひとりが持つべきです。ディストピアが来るか、〝悲惨だったけど少しはよくなったこともある〟となるか、いまはその瀬戸際ではないでしょうか」と語っておられます。

(https://news.yahoo.co.jp/feature/1676)

●〝生涯就業力〟のルーツ

〝生涯就業力〟は、実は私が恵泉女学園大学の学長に就任した2016年から提唱しているものですが、これは私自身の考えではありません。私が勤務する大学の母体である恵泉女学園を1929年に創立した一人のキリスト者・河井道の女子教育にかけた祈りと願いを、女性活躍が叫ばれている今の時代に継承したものです。

河井道は第一次世界大戦後にアメリカに留学し、戦禍に荒れたアメリカやヨーロッパをくまなく視察し、世界平和の構築を願ったのですが、そのためにも女性が世界に目を開き、しっかりとした知識と意思をもって世界情勢に関心をもつことなくして、世界平和はあり得ないと、女子教育の必要性を痛感した女性です。折しも、世界恐慌の中、戦争の足音がひたひたと押し寄せていた時代に、確かな知識に裏付けられた女性の力こそが世界の平和構築につながると信じたのです。

さらに女性活躍を願う河井の言葉の中で私がいつも心に刻んでいるのは〝汝の光を輝かせ〟です。自分一人が輝くのではなく、周囲の人々がその人らしく輝けるように、その光の源におなりなさいということです。他の人を押しのけて、自分だけが突出するような競争的なリーダーではなく、共に生きる人々との分かち合いを大切にするリーダーです。「活躍はしたいけれど、自分には無理」「活躍はしたいけれどモデルがいない」という若い女性たちは、既成のリーダーに自身の人生を重ねることができないと言っているのです。そうした嘆きに応える言葉、それがまさに〝汝の光を輝かせ〟ではないかと私は思います。〝生涯就業力〟が、自分を大切することを基本としつつ、共に生きる他者を尊重し、身近な人や地域、社会に尽くすことに喜びを見出す力を重視しているのは、この河井道の言葉にあります。

●私と恵泉女学園との出会い

〝生涯就業力〟について書かせていただく本章は、この先、あたかも大学案内のように受け取られたら申し訳のない気持ちです。ただ、私の真意はけっしてそうではないことをここでお断りさせていただけたらと思います。

私は20代の大学院生時代から、女性の生き方に関する研究を続け、とりわけ〝母性の研究〟をライフワークとしてきました。女性の人生を母であることに閉じ込めようとする近代以降の日本社会の母性観の弊害を追求してきた研究が、やがて地域の子育て・家族支援のNPO活動へと広がり、あるいは少子化対策や子育て支援等の国の施策立案の一端にも加えていただくようになりました。こうして女性を母であることだけの桎梏《しっこく》から解放することを生涯の仕事としてきた半世紀余りの私の人生は、研究者として、さらには教師としての私を育んでくれた恵泉との出会いとその後の日々を語ることを置いてはあり得ないのです。

恵泉女学園とのそもそもの出会いは、今から３０年余り前の１９８７年に学園が大学開学にあたって心理学担当の教員を探している時でした。一度、学園長にお会いしてみてはどうかと、私の博士学位論文の審査にあたってくださった古畑和孝先生（当時：東大教授　現：東大名誉教授）が知らせてくださり、当時、恵泉の学園長を務めておられた秋田稔先生との面会がかないました。

秋田先生は国際基督教大学、北星学園大学、恵泉女学園、山梨英和学院で、教授職、あるいは学長や学園長として教育・学校運営に力を注がれ、その生涯をキリスト教主義学校のために捧げられた方です。とくに恵泉女学園では１９７６年４月から１９９４年３月までの１８年間にわたって、第４代学園長として学園の教育、運営に尽くされました。

東京世田谷にある経堂キャンパスの学園長室に通されたとき、秋田先生から、まず私の研究についてのお尋ねがありました。博士号を取得して間もない時でしたので、学位論文となった〝母性の研究〟について、かいつまんでお話をいたしました。秋田先生はじっと耳を傾けていらっしゃいましたが、私が話し終えると次のようにおっしゃいました。「あなたの研究は非常に斬新です。あなたは随分と勇気ある方なのですね」と。そして、次のように言葉を続けられたのです。「少数者になることを恐れてはなりませんよ。真理は少数の者に与えられる。そして、少数の者が確かに受け継いでいくのです。心に灯をともし続けなさい」

今でこそ社会に受け入れられている私の〝母性の研究〟ですが、当時は批判の声が圧倒的多数でした。「女性には母性本能があるから」と育児の責務の大半を女性にだけ課してきた従来の母性観を批判的に分析する私の研究は、特に年配の男性から歓迎されることのなかった時代でした。それだけに秋田先生のこの言葉は嬉しさ以上に意外な衝撃でした。

やがて話題が恵泉女学園の創立者河井道とキリスト教信仰に基づいたご自身の教育論へと移りました。前述したように、河井が恵泉女学園を創立した1929年は、戦争の足音がひたひたと忍び寄っていた時。世界の平和が脅かされることを憂い、いずれ訪れる時代に真の平和を背負う女性の育成の必要性を痛感し、それゆえに一歩も譲ることなく、一切の妥協もせず、神の前に正しくある生き方を通されたという話には、ただ圧倒されて言葉を失うばかりでした。

「実は心理学領域ではもうひとり別の候補者がいます。ただし、私はあなたに恵泉に来てほしいと今日、思ったことをお伝えします」というお言葉で面接が終わりましたが、数日後、採用の連絡を本部からいただきました。1時間半余りの面接の間、私が発した言葉は自身の学位論文について語った数分間だけでした。その後はほとんど言葉を発することもできなかった若き日の私でしたのに、扉を開いて恵泉に招き入れていただけたことに驚きと感謝の思いでいっぱいでした。

「私どもは小規模の四年制大学を昨年発足させた。これとてわれもわれもという時流に合わせて恵泉も大学をというのではなく、現代の地球的規模、世界的規模での重い問題を思い、人間の将来を思うときに、いまこそ建学以来持ちつづけてきた批判的精神を一層とぎすまし、平和への意志を不退転のものとして強め生かすべきだ、そのために皆で鍛え合い、実力を養い、世に挑戦しようという、むしろ時流に抗し、先んずる気概を持ってつくったと申してよいであろう」（19

89年12月)。恵泉女学園大学開学に向けた秋田先生の言葉です。

時流に抗し、先んずる気概

女性の生き方を考えるとき、この「時流に抗し、先んずる気概」はまさに的を射たものではないかと思いますが、河井道の次の言葉も、私が道標としているものです。

「自分自身開拓者となって道を明るく照らしていく者におなりなさい。マイランターンで」

幾度も申しますが、女性活躍が叫ばれつつもなお、女性が歩む道は平たんではありません。開拓者の心が必要です。しかも「開拓者となれ」という言葉の前に次の言葉があります。

「まっすぐな狭い道を歩くこと、人々が踏みならした道を行くことに満足せずに」

とかく女性の人生は、ひとくくりで表現されがちです。「女性とは」「妻とは」

「母とは」かく生きるべきだと言われ、狭い道を指し示され、皆と同じように生きることが正しいと信じ込まされてきました。しかし、現実はひとくくりで表現されるほどに女性の人生は単純なものでも、たった一つの狭い道を辿って済むような単線でもありません。

開拓者となって生きることを考えるとき、思い出されるのが、2018年度のノーベル平和賞を受賞したお二人の内の一人であるコンゴ民主共和国のドゥニ・ムクウェゲ氏の言葉です。武力紛争が繰り広げられる中、性暴力の被害に遭った女性たちを心身両面から支援し続けている医師ですが、「大学の役割は不正義に対する怒りを教えることである」と発言されたのです。ムクウェゲ氏のこの言葉は、紛争下の世界のことに限らず、日本社会に暮らす女性たちも重く受け止めるべき言葉ではないかと思います。私たちの周囲には正しく怒るべきことが山積しているはずです。

なお、時流に抗し、先んずる気概を持って開拓者となることは、たやすいことではありません。でも、困難な仕事を与えられることは幸せなことです。困難を乗り越える勇気、何よりもたった一人ではなく、周囲の人々と力を合わせる心と術を大切し、生涯にわたって自分らしく生き、周囲の人を輝かせる光の源となる力を磨き続けること、それが今、女性活躍時代に真に必要な力としての〝生涯就業力〟だと私は信じています。

●解説 〝生涯就業力〟とSDGs

近年、ＳＤＧｓが社会で大きな話題となっています。ＳＤＧｓとはSustainable Development Goals（持続可能な開発目標）の略称です。持続可能な社会の実現をめざして２０１５年9月に国連で開催されたサミットの中で、２０３０年までに達成すべき１７の目標・１６９のターゲットから構成されたものです。アジェンダの前文には「これらは、すべての人々の人権を実現し、ジェンダー平等とすべての女性と女児の能力強化を達成することを目指す」と記されています。１７の目標は「No one will be left behind（誰一人取り残さない）」という基本理念に立脚しています。今、恵泉女学園大学が提唱している〝生涯就業力〟はまさに〝生涯就業力〟for ＳＤＧｓと言えるものです。

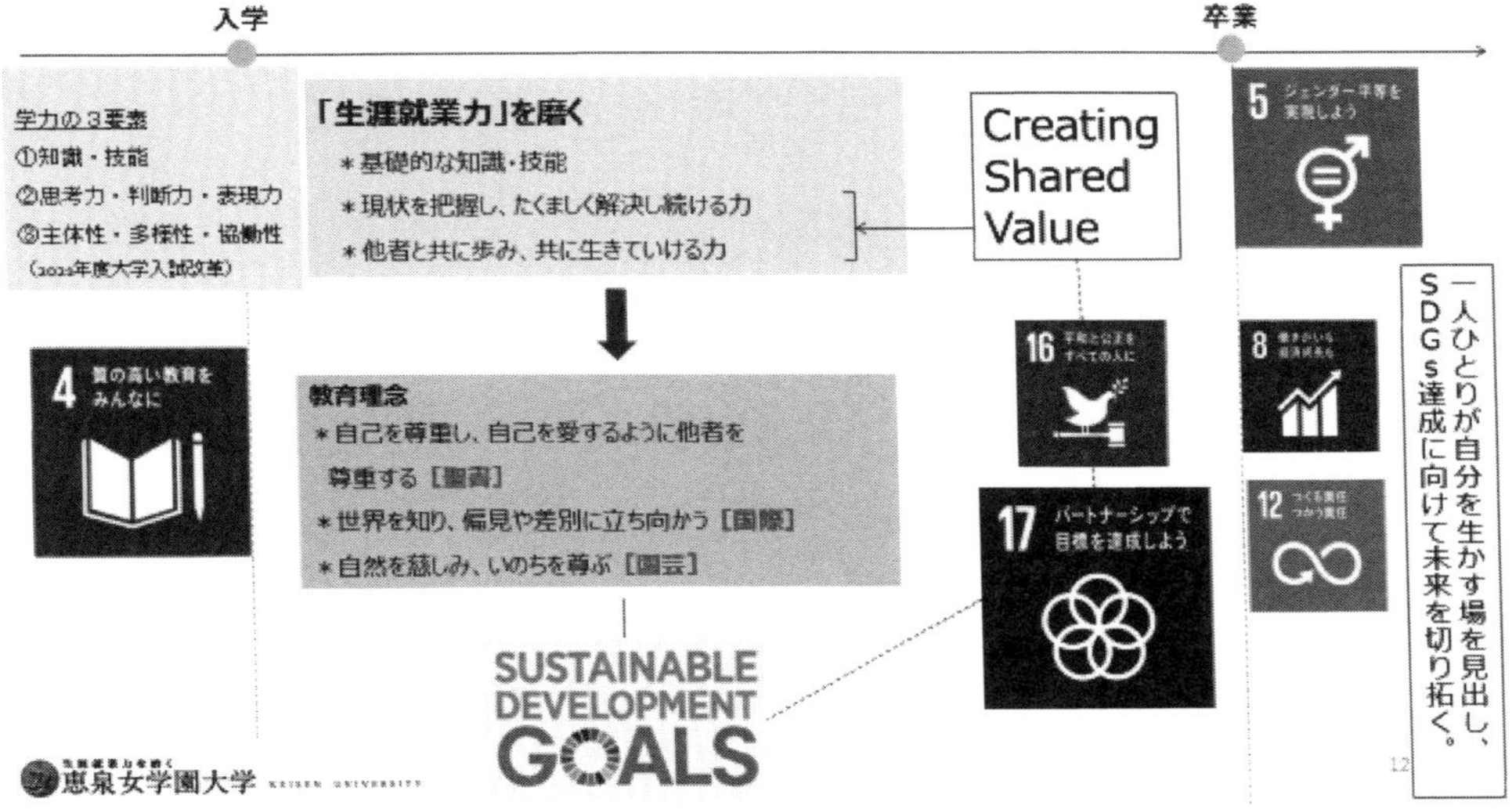
入学
卒業
学力の３要素
①知識・技能
②思考力・判断力・表現力
③主体性・多様性・協働性
（2025年度大学入試改革）
「生涯就業力」を磨く
＊基礎的な知識・技能
＊現状を把握し、たくましく解決し続ける力
＊他者と共に歩み、共に生きていける力
Creating Shared Value
教育理念
＊自己を尊重し、自己を愛するように他者を尊重する［聖書］
＊世界を知り、偏見や差別に立ち向かう［国際］
＊自然を慈しみ、いのちを尊ぶ［園芸］
4 質の高い教育をみんなに
5 ジェンダー平等を実現しよう
8 働きがいも経済成長も
12 つくる責任つかう責任
16 平和と公正をすべての人に
17 パートナーシップで目標を達成しよう
SUSTAINABLE DEVELOPMENT GOALS
一人ひとりが自分を生かす場を見出し、SDGs達成に向けて未来を切り拓く。
恵泉女学園大学 KEISEN UNIVERSITY
12

生涯就業力と SDGs

ＳＤＧｓと〝生涯就業力〟について、参考までに、恵泉女学園大学の教員がＦＤＳＤ研修会（大学教育の質・教育力向上および管理運営の向上をめざして教職員が学びあう研修会）で行ったスピーチをご覧ください。

「恵泉女学園大学では、学生が〝生涯就業力〟を磨くという一点に焦点を当てて教育研究活動をおこなっています。それはまずは学生自身のためです。将来が見通しにくい現代社会で、女性が働きやすいとは言えない社会で、生涯にわたって自分らしく生きる力を身につけることは、次世代を担う女性たちにとって非常に大切なことだと考えています。しかし〝生涯就業力〟を磨くのは、学生個人のためだけではありません。その先に、〝生涯就業力〟を身につけた女性が社会で活躍することによって、平和な社会を実現することを目ざしています。（中略）

恵泉教育の中で、学生の〝生涯就業力〟はどのようにして磨かれるのでしょうか。いくつかの方法がありますが、大学がこれまで重視してきたのは、他者と共に社会的な課題に取り組み、粘り強く解決し続ける場を幅広く提供することでした。たとえば〝フィールドスタディ〟〝コミュニティーサービスラーニング〟などの体験学習プログラムや福島復興支援などの地域連携の取り組みを挙げることができます。今日、このように他者と共有できる価値を作りだすことを、CSV（Creating Shared Value）と言います。経済界でCSVとは、企業がビジネスの手法で社会問題・環境問題などに取り組み、利益を生みだしながら社会的な課題を解決することを指しますが、大学のCSVとは、教育研究活動を進めることで社会的な課題解決を目ざす取り組みを意味します。

恵泉女学園大学は小さな大学ですが、だからこそ、卒業生、企業、高校、地域社会、NPO・NGOなどと連携を図り、多様な人・団体をコーディネートしながら、教育研究活動を展開しています。学生は、このネットワークに参加することにより、おのずと〝生涯就業力〟を磨くプロセスに身を置くことができます。小規模大学で学ぶからこそ、自らの力について過信することなく、力の弱い人びとの痛みを理解できる機会が数多くあります。そして、卒業後には、在学時に培った〝分かち合いのリーダーシップ〟を発揮することで、自分らしくワーク・ラ

イフ・バランスを図り、一人の女性としてＳＤＧｓ達成に向けて未来を切り拓くことを願っています」（松村正治：環境社会学）

ちなみに、「ＴＨＥインパクト世界大学ランキング2020」で、恵泉女学園大学は総合39位、分野別ではＳＤＧｓ４（質の高い教育）が1位タイ、ＳＤＧｓ５（ジェンダー平等）が1位（いずれも日本の大学の内）となりました。

（https://www.keisen.ac.jp/blog/president/2020/04/the.html）

第5章

〝生涯就業力〟を生きる女性たち

〝生涯就業力〟と女性の生き方を考える本書の最終章となりました。前章で述べたように、女性活躍時代を迎えたこれからの女性たちに真に必要な力、それが〝生涯就業力〟だと私は考えています。

本章では〝生涯就業力〟を生きるモデルと私が考える何人かの女性たちをご紹介します。〝生涯就業力〟の実際を感じていただけたら幸いです。

女性活躍などの言葉もなかった時代に

〝生涯就業力〟を構成する要素である「いつ、何があっても、めげずに、自分の目標を見失わずに求め続ける」生き方を考えるとき、まず思い浮かべるのは、私のライフワークとなった〝母性の研究〟のきっかけとなった全国調査でお会いした女性たちです。その中からお二人をご紹介したいと思います（出典『母性の研究』川島書店、１９８８年、新装版、日本評論社、２０１６年）。

●都内在住66歳の女性（インタビュー、1977年3月時点）

長女３９歳・長男３６歳・次女３４歳の３人のお子さんの母親であり、インタビュー時点で次女一家と同居をされていた方です。当時うかがったお話は次の通りでした。

「実家は水戸の士族でした。すべてにおいて格式・形式一点張りで、親子の愛情は微塵も感じられませんでした。それだけに結婚したら温かい家庭を築くことを熱望しておりました。婚家は柏崎の商家でしたが、商家には男女の格差がなく、格式・形式を越えた人情があって、春風駘蕩とした家風で目が開かれる思いでした。

夫は元来病弱で、仕事先の満州で死亡しました。ちょうど子どもたちが7歳・5歳・3歳のときでした。柏崎に引き揚げ、夫の実家から家一軒を与えてもらって、母子4人の生活を始めたのです。定時制高校に勤め、午後1時から9時まで働きました。幼い子ども3人を残して学校に行くことは身を引き裂かれる思いでした。手伝いの人を頼んだのですが、その人は夕食の支度を終えると午後5時に帰ってしまう。半鐘を聞くたびに家が火事ではないかと心配で、死ぬ苦しみを味わいました。冬の柏崎は雪が深く、長靴の中までびしょびしょになりながら夜道を家へと急いだのですが、家に帰ると子どもたちが炬燵でごろ寝をしていて、布団まで抱いて運びながら本当に切なかったです。

子どもたちにはきめ細かい世話をしてやれませんでしたし、家庭的なぬくもりも味わわせてやれなかったと思います。かわいそうなことをしたと思いますが、皆丈夫で、母親の私が一所懸命働いている姿をみて、よく勉強してくれました。経済的にもまったく余裕はありませんでしたね。今度あのお金が入ってきたら子どもにどうしてあげようと、そればかり考えていました。

私は娘時代は子どもはあまり好きではなかったんですよ。でも、子どもをもってみると大事で大事で一所懸命でした。夫の分まで子どもが大事になったのだと思います。男女平等を教育方針とし、女の子も学問的な面で独立し、将来家庭と両立可能な職業に就いてほしいと願いながらの子育てでした。

3人とも志望の大学に進み、今は結婚生活を営みながら各自の道を歩いています。それぞれに孝養を尽くしてくれて、この以上の満足はありません。幸せです。

柏崎の定時制高校には17年間勤務して、末子が東京の大学に入学したのと同時に、退職金を投入して上京しました。上京後、家庭相談員の募集を知り、応募したのですが、通り一遍の応募ではだめだと思って、履歴書のほかに自分の今まで歩んできたところを綴り、この仕事を熱望している旨を訴えたのです。それが審査員の目にとまったようで、採用してもらえました。57歳の時でした。

現在の収入は恩給と合わせて月収17〜18万円ですが、やりがいのある仕事であり、老後の生活設計も立てることができています。

夫を亡くした後の育児のために、自分のすべてを捨てての献身でしたが、そのことが私を成長させてくれたと思います。子どもを与えられ、育てることができたことは有難いことでした。封建制度のなかで自分らしく生きられなかった実家の母と比べて、自分の才覚で生きることができたことは幸せだと思っているんですよ」

こうして伺ったお話を文字にすると、なんと壮絶な人生を生きていらした方かと思いますが、お会いしているときはにこやかで、ご苦労を感じさせない雰囲気の方でした。何よりもとても生き生きとしていらしたことが印象的でした。

「今に働けなくなったら、老人ホームに行くつもり。親が子どもを育てるのは親の任務ですけど、親が老いたとき、その介護などで若い人たちの精力を奪うのが気の毒でやりきれませんから。もちろん、寂しさもありますが、それに耐えることも必要ですからね。私は老人といえども経済的自立は精神的自立につながると思っているんですよ」と語っておられた言葉が、この方と同じ年齢になってみると、改めて身に沁みて思い出されます。

最後に「母親は子どもを預けて働くことに罪悪感をもってはいけませんよ。子どもと接したときに、どれだけ子どもの気持ちを汲み、子どものことに心を砕けるかが大事ですからね」と言われました。当時、長女を保育園に預けながら全国調査をしている私に贈ってくださった言葉が今も忘れられません。

●千葉県在住33歳の女性（インタビュー、1977年3月時点）

夫35歳（検事）、長男5歳。夫の勤務先が提供している公務員住宅でインタビューさせていただきました。この方のお話の内容は次の通りでした。

「大学を卒業して東京郊外の小学校の教員となりました。2年余り経ったときに、地方裁判所の修習生だった夫と結婚し、翌年、長男を出産しました。新居は世田谷に構えたのですが、妊娠後は勤務先の小学校の近くに下宿したんです。下宿をしてまで勤務を続けたのは、仕事を辞めるという発想がなかったからです。辞めれば楽になるとも思わなかったですね。仕事との両立だけを考えていました。私は父が早くに亡くなり、母が子ども3人を育ててくれたので、女性も自立が大事だという考えが身についていました。さらに大学の4年間で、その考えがさらに強くなったように思います（国立の女子大の卒業生でした）。

夫が甲府に転勤したために教師を辞めたのですが、今でも辞めたことは後悔しています。当時は夫と別居する勇気がなかったのですが、今にして思うと、夫について行かなかったほうが良かったかもしれないという思いが強いです。甲府に3年いて次男を出産し、それからここ（千葉県）に来て5年です。夫は今、検察庁に配属されて検事になっています。

教師を辞めてからも仕事のことはいつも考えていました。絶えず何かしてきたなと思います。

一つは、大学の同窓生で研究会をつくって参加しました。長男が幼稚園に入園後は送迎で出席ができなくなってしまいました。

二つ目は、近くの幼稚園で先生がいなくて困っていると聞いたので、私は幼稚園教諭の免許をもっていたので、次男も一緒にという条件で、しばらく手伝っていました。

三つ目は、保母（当時の名称）の資格がなかったので講習を受けて取得しました。

四つ目に、大学に聴講に行ったのですが、次男を保育園に入れたため、保育料がかかって、長くは続きませんでした。

そして、五つ目。この1年間、幼稚園のＰＴＡの会長をしました。幼稚園のことをいろいろ知ることは自分の専門からして勉強になると思って引き受けたのですが、一番大変だったし、子どものことも犠牲にしたかもしれません。

こういうふうに、いろいろやってきたけれど、いずれも定職には結びつかなかった。夫の任地が2～3年でまた変わるだろうと思ったため腰を落ち着けて取り組めなかったのです。ここに5年もいるのなら何かができたのにと悔やまれますね。

夫は育児に協力的な男性です。結婚前から女性も仕事をもって男性と対等にやるべきだという基本姿勢がありましたし。ただ、夫は封建的で女性の地位の低い農村で育ったので、頭でわかっていることと実際が食い違っていることも随分とあったんですよ。そのたびに衝突し、話し合ってきました。夫は面白くないこともあったかと思いますが、頭ではわかっているので、その度に少しずつ変わってきたように思います。頭でわかっているということは大事ですね。

これからしようとしていることがあるんですが。それはこの宿舎に検事と裁判官のご夫婦がいて、赤ちゃんを預かってくれる人を探しています。私はその赤ちゃんを預かろうと思っています。自分の子を育てるように他人の子も育てられるはずだと思うので。子どもを育てることはすばらしい。でも、だからといって、社会的な仕事以上だとか以下だとかはいえないと思うのです。理想は子どもを育てつつ、何等かの形で社会的な仕事にも参加することではないでしょうか。これから六つ目に挑戦です」

子育てをしながら、子育て以外の役割と居場所を求め続けた方です。当初の計画通りの人生を歩んでいる夫の生き方を傍らで見つつ、その夫の転勤で自分の人生設計が寸断され、「転勤について行かなければ良かった」「いろいろしたけれど、いずれも定職に結びつかなかった」と述懐しておられた様子が印象的でした。それでも、この方はけっして人生に絶望はしておられませんでした。むしろ、次のステップを考えていらっしゃる姿が健気でなりませんでした。同じ宿舎にいる検事と裁判官のご夫婦の子育てを手伝うことで、ご自分が人生で味わった悲哀を他の方へのサポートに展じようとしていらっしゃいました。まさに〝生涯就業力〟を感じさせていただけた方でした。

女性活躍の道を切り開き、自身もまたそのモデルとなられた方

女性活躍の道を切り開いてくださったあまたの先輩女性たちのお一人の岩田喜美枝氏の人生もまた、〝生涯就業力〟そのものではないかと思います。

私が岩田氏を存じあげていたのは、厚生労働省雇用機会均等・児童家庭局局長時代でした。厚労省の児童福祉審議会の委員などを務めさせていただいていたとき、局長として活躍しておられた姿は、まさに〝２０３０運動〟の先陣を切っておられるようで、とてもまぶしいものでした。退官後は（株）資生堂取締役から副社長を務められ、文字通り、女性活躍のモデルとなられた方です。

若い女子学生たちにこの岩田氏のお話を聞いてもらいたいとお願いしたところ、ご快諾してくださって、講演会の運びとなりました（２０１９年５月）。

岩田氏のご講演テーマは『女性のキャリアと〝生涯就業力〟』。４年制大学卒の

女性に雇用の門がまだほとんど開かれていなかった時代に労働省に入省し、その後、キャリアとしての道を邁進しながらご家庭では二人のお嬢様の子育てにも尽くされた岩田氏ですが、その原動力の影に、「子どもには財産よりも教育を残す」というご両親の教育方針があったということから話を始めてくださいました。

小学校教員をされていた岩田氏のお母様は、出産後に仕事を辞めて専業主婦になられたとのこと。当時は女性が仕事と子育てを両立できる環境がなかったゆえの選択でしたが、仕事を辞めたことを生涯悔やまれ、岩田氏には仕事を継続することを強く薦めてくださり、そのための協力を惜しまれなかったとのことです。また高等学校教員・校長でいらしたお父様からは〝高潔であることの大切さ〟を教えられ、それが国家公務員として働くときの基本姿勢となったとのことでした。

結婚して二人のお子さまに恵まれ、文字通り仕事と子育ての両立に奮闘し、当初は必ずしも協力的ではなかった夫君への不満をお持ちになった時期もおありだったとのこと。しかし、やがてお姑様の介護の時の夫君の姿勢に胸打たれて、夫婦の絆を深められた経緯などを率直に語ってくださりながら、志と工夫次第で、「両立はだれでも、必ずできる」と言われ、配偶者選びのポイントなどもユーモラスに伝授くださいました。

川の流れのようになめらかに話を運ばれた岩田氏のご講演ですが、やはり圧巻はご自身の職業経験にお話が及んでからでした。

労働省入省当時は、4年制大学卒の女性に末永く働く道を開いてくれる企業がなく、やむを得ずの選択だったとのこと。とはいえ、当時は今以上に女性にとって国家公務員試験パスが難関だったことは想像に難くありませんが、入省してしばらくは大きな仕事が与えられず、不本意な職業生活を送るしかなかったとのことでした。しかし、不本意であってもけっして投げやりにはならず、当面の仕事に全力を尽くした。それがやがてやりがいのある仕事を与えられることにつながったと後から思えるのだと言われました。このくだりでは、特に就活をしている4年生に向けて、「やりたい仕事が分からない、あるいは希望した職種につけないということもあるでしょう。でも、そんなことで悩まないで。どんな仕事でも真摯に向きあえば、必ずやりがいはついてきますよ」と力強いメッセージを送ってくださいました。

女性がキャリアとして働くことがいかに当時は厳しかったことでしょう。そのご経験がやがて省庁で、さらには民間企業で日本女性の活躍推進の道を切り拓いてくださることにつながったのだと、感慨深く伺いました。

さらに、私がとても意外だったのは、厚生労働省の局長を務められた後、次の仕事が見つかるまで「転職の不安」に苛まれたというお言葉でした。「紅一点」の華やかなキャリアを邁進された氏でいらっしゃいますので、次は何の苦もなく企業のトップという華やかな道が用意されていたとばかり思っておりました。しかし、岩田氏はお定まりの天下りを辞退され、その後の数か月、「失業の不安」に苛まれたというお言葉を使いながら、その不安をバネに自らポストを獲得されたというお話に、正直、頭の下がる思いでした。

「納得のいく人生をマルチに貪欲に生きなさい。どうか幸せな人生を生きてほしい。それは人の役に立つことです」というお言葉でご講演を結ばれました。

ご講演の後は、３人の大学1年生が岩田氏を囲んでトークタイムを持ちました。自ら希望して名乗り出てくれた学生たちでしたが、緊張の面持ちで、精一杯の思いをこめてご講演への感想と質問をしている姿がほほえましく思えました。岩田氏はその一つひとつに丁寧に答えてくださいましたが、その内の一人が、「私は自分に自信がもてない。どうしたら先生みたいに前向きになれますか？」という問いに、岩田氏は「あなたは自信がないなんて思うことないですよ。こんなに大きな会場で、５００名近い人がいる会場で、自分から進んで私に質問してくれたではないですか。その勇気に自信をもっていいんですよ」と答えられました。

最後に一般参加者の方から「大切にしているお言葉はなんですか？」と質問がありましたが、岩田氏のお答えは〝一所懸命〟です。このお言葉をうかがったとき、私は本当にその通りだと思いました。今回のご講演のためにわざわざ原稿をご用意くださり、お二人のお嬢様に事前にご意見を聴いてくださったとのエピソードもお話の中にありました。大学入学して間もない1年生たちに、そして、これから社会で活躍するために就活をしている4年生に向けて、ご自身の人生を語ってくださりながら、それを恵泉女学園大学の〝生涯就業力〟につなげて語ってくださる流れにも、どれほどのご準備をくださったのか、まさに何事にも〝一所懸命〟に真摯に向き合われるお姿でした。会場を埋めた学生や参加者たちが大きく胸打たれたご講演でした。

思いがけない災難にもめげずに

2001年の〝9・11アメリカ同時多発テロ〟では多くの方々が犠牲となられ、また多くの方々が大切な人や家族を失った悲しみに打ちひしがれました。そのお一人の杉山晴美さん。第三子懐妊中にお連れ合いがこのテロに遭遇され、そのときの手記（『天に昇った命、地に舞い降りた命――「9・11テロ」で逝った夫へ、残された子供達へ』マガジンハウス、2002年）がTVドラマ化されたことなどで、ご存じの方も多いことと思います。その後、3人の息子さんを育てながら、ご自身の経験を基に傾聴を主とする心のケアの専門職「精神対話士」の資格を取得して活動すると共に、得意なお料理の腕を活かして都内に欧風料理のビストロをオープン。多くの方たちの心の拠り所となる活動に奮闘されるなど文字通りお忙しい日々を過ごしていらっしゃいました。その杉山さんのご経験をぜひ若い女性たちに聞かせていただきたいと願って実現した対談でした。

――当時のことをお話いただけますか?

２００1年9月11日はニューヨークに住んでいました。夫は当時ワールドトレードセンター（ＷＴＣ）にあった富士銀行勤務でした。翌春3行が合併する「みずほ銀行」として統合予定で、ニューヨーク支店に働き手として呼ばれ、もっとも忙しい時期でした。当時3歳と1歳の息子とお腹には妊娠4か月になったばかりの赤ちゃん。私たちは川向うのニュージャージー州に住んでいて、あの日は橋も道路も封鎖されマンハッタン側には行けず、丸2日間、夫が帰ってくると信じて家で待ち続けていました。きっと何かの理由で戻れずにいるだけで、ひょっこり夫は戻ってきそうでしたから。

――小さなお子さんがお二人いらしたうえにお腹には赤ちゃんも。事件の後は日本に戻ってこられたのですか？

夫が行方不明のままで日本に戻ってしまったら、何かの事実が明らかになった時には、なかなかニューヨークまで飛んで来られませんしね。それにニューヨークに行って1年未満で事件に遭ってしまったんです。「産んで帰る」という強い思いもありましたので、ニューヨークに残りました。2002年の春に第三子を出産して、ほどなくして夫の遺体の一部が見つかりました。

――ずいぶんとお辛かったと思いますが、どうやってその難局を切り抜けられたのですか？

第三子を授かって間もなくしてあの事件があり、ショックと同時に体を酷使したことで、切迫流産となり早々に絶対安静を通告されました。日本から母が飛んできて支えてくれた他、友人にも助けてもらいながら過ごしました。人に頼まざるを得ない状況で、差し出された手を見つけて掴んできて良かったですし、頼って甘えた経験があるからこそ、動けるようになった今は自分がお返しをしようと。子育てしている時に差し出された手にすがった経験があると、自分が返せる時に誰かに手を差し伸べられます。順番にそうなるといいと思います。

――苦しくても差し出された手を掴もうとしない人もいます。人を信じたり甘えたりすることはとても大切だと思いますが、それはどうしたら培われるものでしょうか？

むしろ私も甘え下手でした。生い立ちに関係あるのですが、３歳で父を亡くしています。昭和一桁生まれの母が女手一つで一人娘の私を育ててくれました。母は強くて泣き顔ひとつ見せない人でしたから、甘えることがないまま育ってきました。そういう私が極限状態になって、周囲に甘えざるを得ない状況になったので、それはとてもいい経験になりました。

――辛いという言葉では到底表現できないような体験だったと思いますが、それがあったからこそ変わられたということなのですね。ただ、同じシングルマザーでいらしたとしても、お母様と杉山さんの生き方は少し違いますかしら。

そうですね。「私はこんなに強くはない」と思ってきましたが、あのような事件に遭って、やっぱり私も母の背中を見て育ったのだなぁと実感しました。事件後しばらくして、一時封鎖されていた空港へ日本から第一便が到着した様子をテレビの生中継で観ていたら、真っ先に降りてきたのは母でした。銀行の方がマスコミ報道関係者から家族を守ろうとガードしてくれていたのを「何もコソコソすることはない！」と振り切って（笑）。そんなゴッドマザーの凛とした生き様を私も受け継いでいるようです。70歳過ぎてから母には苦労を掛けてしまいましたが、感謝しています。

——お母様は杉山さんにどんな言葉を掛けてくださいましたか？

今でも忘れられない一言が「死ぬまで何があるかわからないわね！」……慰めや癒しの言葉ではなく、シャキッと言われました。母は東京で独り暮らしをしていましたが、私が夫と結婚して子どもが生まれて独立したことに安心していたのが一転、ニューヨークへ駆けつけてくれました。私もこの先、死ぬまでまだ何があるかわからないなぁと肝に銘じた記憶があります。そんな強い母ですが、今年になってクモ膜下で倒れてしまい、今は入院中です。私のことすらわからなくなってしまって……。たくさん恩があるので、できる限り看たいと思っています。

――ニューヨークで第三子を無事に出産されて、その後お子さん３人を連れて帰国されてから、どのように過ごしていらしたのですか？

長男が４歳、次男が２歳、三男が０歳でしたので、実家のある渋谷区に戻って生活が始まりました。「３人バラバラなら保育園に入れる」と行政担当者には言われ、３人一緒の受け入れ先が全然なく、結局外で働くことはできませんでした。家でできることを何かしようと始めたのが、その時の体験を執筆することでした。パソコンを開くとメールが山のように入っていて、夫や私の友人知人をはじめ、家族や親戚などたくさんの人が心配して連絡をしてくれたのですが、一つひとつに答えることが難しかったので、同報メールを書くことによって私自身の心の内が整理され、気づきも得られました。

――それがご本になって、ドラマ化もされたわけですね。事件の直後によくあそこまでお書きになられましたね。

記録としてまとめて書き残しておけば、子どもたちが成長してあの事件のことを知りたくなった時に読めるのでは？　と思い、時間を見つけて書き綴りました。ＮＨＫのニュース番組が執筆していることを取り上げてくださって、それを観たマガジンハウスの編集者の方が「本当に書く気がありますか？　それならこの倍は書いてもらいます」とすぐに連絡をくださったのです。小さな子が3人いたので日中は書けませんでしたが、夜中に書き始めると言葉がどんどん溢れて。でも、あの事件をまだ語れずにいる方もおられます。私にとっては何より文章にすることによって救われました。

――本の行間からそのお気持ちが溢れていると思いながら読ませていただきました。書くというご経験がやがて話を聴くというお仕事へとつながっていったのでしょうか。

しばらくは子どもたちを育てることを優先して外に出られない時間が長かったのですが、長男が小学6年生になる時、民間のメンタルケア協会と出会いがあって「精神対話士」の資格を取得しました。これまでたくさん受けてきた御恩を返す意味でも活動を始めました。ご家族や身近な方を突然失われた方のお話を伺うこと。じっくりお話を聴くだけで体調不良が改善される方もいます。医師だと病名を付けて診断して薬を処方することになりますが、聴くことを専門にする人を作ってみよう、という目的で協会が作られたそうです。私は言葉にできることもできないことも、すべて共感して聴く〝傾聴〟が仕事です。この活動を始めたのは、事件から10年経った頃でした。

——事件から今秋で16年経ちます。杉山さんは悩む方々の心に耳を傾ける〝傾聴〟という活動をされる一方で、一昨年春には欧風料理のビストロを都内にオープンなさいましたね。

お店はオーナーという形で携わっています。もともとお料理を作ることやおいしいものを食べることが大好きで、人の話を聴ける場があるといいなと思っていたことが「晴ればーる」というお店となって実現しました。本を書いて、いまだに同じような体験をされた方から手紙やメールをもらう機会があります。辛い体験を話す場があるようで無い、語れる場を求めている人がいっぱいいる、と気づいたからこそ創りました。

――語りたい方がいる一方で、それをなかなか言葉にできないこともありますが、杉山さんは書くことができて良かったですね。

私はたまたま書くことで表現できましたが、立ち直り方は人それぞれです。語れずにいる方に「本を出してくれてありがとう」と言われたこともあります。いろいろな形であの事件が風化しなければいいと思います。私は父を幼少期に亡くしていることもあって、10代の頃から死生論を考えていました。自分を深く掘り下げて見つめ、偽善者だと悩んだこともあります。同じ年頃のみんなが将来どんな職業に就こうかとワクワク語っている傍らで、何のために自分は生きているのか？　と徹底的に哲学をしていました。でも、それが9・11の事件で支えになりました。

悩んだり壁に当たったり苦労しても、その経験が自分を強くするのです。答えの出ないことは考えたくないものですが、考えることをあきらめないでほしい。私にとって10代は、辛かったですし自信のない時代でした。でもそれは裏を返せば、謙虚さにつながります。自信たっぷりで学生時代を過ごすより、自分を批判的に見つめて、答えが見つからないことを考え続けてほしいと思います。

夫を一瞬にして奪われるという経験は、どんなに月日が経ってもけっして忘れられるものではないと思います。今なお心の奥深くに大きな痛みを抱えながらも、明るく健気にご自身のことを語ってくださいました。

この対談は2017年5月時点のものです。実は杉山さんは新型コロナウィルス感染拡大の状況を鑑み、5年間営んでいらしたビストロを早い段階で閉店することを決断されたとのことです。ただ飲食店経営からは離れますが、今すでに次の事業に向けて準備をすすめておられるとのことです。「こういう時代だからこそ出来ることを探りつつ、また新たなチャレンジをしていこうと思っております」というメールをいただきました。

「ひとの境遇の行き詰まり、人の心の行き詰まり、それはその人に、奮い起てよとの警鐘です」（羽仁もと子著作集『悩める友のために』1973年）という言葉が私は好きですが、杉山さんはまさにこの言葉通りに生きていらした方だと思います。もっとも、けっして強く見える方ではありません。むしろ、しなやかに生きている方、それでいてしたたか（強か・健か）な方。まさにしなやかに凛とした美しさをもった〝生涯就業力〟の体現者のような方でした。

今を生き続ける――就職後も資格取得の連続

講演で東北方面に行った時のことでした。新幹線ホームで「オオヒナタ　センセー」と声をかけられました。振り向くと、ビジネスバックを抱えたアラフォー世代と思しき女性が立っていました。「2期生の〇〇（旧姓）です」と自己紹介してくれました。

「今、何をしていらっしゃるの？　なぜ仙台に？」とお尋ねしたいことが山ほどあったのですが、新幹線の発車間際でした。

「あるコンサルティング会社の内部監査の仕事をしていて、今日は出張で仙台に来ました」と、〝内部統制統括部チーフマネージャー〟と書かれた名刺をいただいたのですが、あわただしい別れとなってしまったことが心残りでした。

ところが、翌日、早速、メールが届きました。大学を卒業してから今に至るまでを、簡潔ながら筋道よく書いて下さっているメールでした。彼女が勤務している会社は、全国の主要都市に支社をもち、その業界ではよく知られた会社です。内部統制統括部所属となる前は、人事・労務部門にいて、社会保険労務士資格を取得し、採用・研修・健康管理・労務相談・制度の設計など、人事・労務に関することを幅広く担当していたようです。英米文化学科を卒業した彼女が四半世紀近い年月の中で、新たな資格の取得に挑戦するなどして、与えられた業務に懸命に励み、業績を積んできたことがうかがえます。

先にも書きましたが、近未来の労働市場の激変も予測されている昨今です。働く人は一生の間でいくつもの異なる分野で異なる能力を発揮することが求められるという歴史上初めての現象に直面することでしょう。そうした社会の変化に対応するために、常に新しい知識と技能の習得に臆することなく挑戦し、周囲の人々の支援も上手に得ながら、しなやかにしたたか（強か・健か）に生きる力が必要です。いただいたメールからは、彼女がまさにこのモットーを体現しながら人生を歩んできたことが伺えました。

現在、親御さんの介護もしているとのことです。「会社ではダイバーシティーなど色々な策が練られていますが、女性が社会で活躍するのはまだまだ大変だな、とつくづく思います」と書かれていました。溌剌としたキャリアウーマンの顔の裏に隠されている現実の厳しさもまた想像されます。どうか頑張ってと、心から応援したい思いです。

人は変わる・その1

私は2003年から、子育て・家族支援のNPO活動をしています（NPO法人あい・ぽーとステーション）。そこでは、子どもと子育て中の親を支援することはもちろんですが、そのためにも地域の老若男女共同参画で地域の育児力の向上をめざしていることが、このNPO活動の特徴の一つです。

このフィールドを活用して、地域の人や卒業生を対象とした〝生涯就業力〟の連続講座を開催していますが、その中で何回か〝三歳児神話について考える〟をテーマとしてきました。

〝三歳児神話〟とは「三歳までは母親が自分の手で育てなければ、子どもにさみしい思いをさせるなどのダメージを与えて、取り返しのつかないことになる」という通説です。私は1970年代のコインロッカー・ベビー事件以来、日本社会の〝母性神話〟の問題点を明らかにすることをライフワークとしてきましたが、〝三歳児神話〟からの解放はまさにその中核をなすものです。母性に対する信奉を篤くしてきた日本社会にとって、当初はラディカルな主張とも受け取られて、さまざまな誤解とバッシングも受けました。しかし、少子化が急速に進む一方で、虐待相談処理件数の急増や育児不安や育児ノイローゼを募らせる育児困難現象の増加が社会問題として認識されるなど、時代の推移と共に母親一人の子育ては〝孤育て（孤独な子育て）〟に他ならないという認識が強まってきました。そして、ついに1998年の厚生白書（当時）には「三歳児神話には合理的な根拠がない」という記述が盛り込まれるに至りました。

こうした経緯もあって、〝三歳児神話〟はすでに払しょくされていてほしいと思いたいのですが、実は今なお多くの若い母親たちの心を悩ませているのです。先日もNHKの国際ラジオ放送『暮らしと社会のキーワード』のコーナーで、日本人の育児に対する考え方に大きな影響を与えているキーワードとして〝三歳児神話〟が紹介されるほどホットな話題ともなっています。育児休業明けに復職を考えている時に両家の祖父母だけでなく、ママ友からも疑問や心配の声をかけられて、社会復帰に揺れる母親たちの声も紹介されていて、〝三歳児神話〟の根深さを改めて痛感する昨今です。

もっとも〝三歳児神話〟からの解放と言っても、母親が子どもを愛する大切さを否定するものではけっしてありません。むしろ、母親だけの育児には弊害もあることを見つめ、家族や地域の支援、あるいは保育所での保育の質や働き方改革を考えることが大切です。また〝三歳児神話〟が形成される過程に近代以降の日本社会の政治経済的な要請とそこに小児医学や心理学が加担してきた背景などを振り返ることで、これからは女性がそうした神話に無自覚に振り回されることなく、自身の生き方を見つめる確かな視点をもつことが、とても大切さだと考えています。

こうした思いもあって卒業生・社会人を対象とした〝生涯就業力〟講座でも〝三歳児神話〟をテーマとしているのです（〝三歳児神話〟についての詳細は大日向雅美『増補　母性愛神話の罠』日本評論社、２０１５年をご覧いただければ幸いです）。

前置きが長くなりましたが、実はこの講座でとても嬉しい出会いがあったのです。講座を終えたとき、参加者の中の一人の女性が私に声をかけてくれました。「先生、私、恵泉の卒業生です。私は学生時代、先生の授業で、散々、反対意見を述べました。私の母は専業主婦で、私も専業主婦になろうと思っていました。ですから女性が社会に出て働く大切さ、経済的自立の必要性を説いていらした先生の授業には、いつも反発ばかりしていたのです。ですから恵泉を卒業して、結婚して予定通り専業主婦になりました。でも、その後、離婚して、今、シングルマザーになっています。人生のいろいろなことを経験して、節目節目で先生のことを思い出し、お会いしたくてたまりませんでした」。そして、「これまでの人生で、私、今が一番自分らしいと思えるんです」と言いながら、ある団体でキャリアとして働いていると名刺を渡してくれました。

当時、比較的大きな教室での講義でしたが、確かにそういう学生が何人かいたこと、彼女はその中の一人だったことを思い出しました。卒業して何年にもなって、学生時代の授業のことを思い出してくれているのです。女性の人生はやはり一直線ではない、いろいろな節目で状況に応じて対応を変える機会に直面することを、その卒業生の言葉からしみじみと思います。そのためにも若いときに視野広く多様な情報に接していることが大切なのでしょう。この女性は、在学中の私の講義に反発しながらも、いえ、反発するほどに、熱心に聴いてくれていたのだと思います。

以前、ＪＲなどに『エキナカ』を仕掛けた鎌田由美子氏と対談をさせていただいたことがありますが、その折、鎌田氏が言われた言葉が思い出されました。

「専業主婦希望が悪いわけではない。子どもや家の事情で専業主婦になることもある。でも、最初から専業主婦になることだけを考えるのはもったいない。人生の選択肢と楽しみを捨てていることを若い女性に伝えたい」

人は変わる・その2

講演で出かけた北陸のある市でお会いした女性です。男女共同参画週間の記念イベントでの講演で、会場はその市の中心に位置していた女性センターでした。

到着した私をセンター長の女性の方が出迎えてくださいました。私は初対面だと思ったのですが、「お久しぶりです。またお会いできて、本当に嬉しいです」と挨拶をされて、正直、困惑してしまいました。人の顔や名前をあまり覚えられないのが私の本当に悪いところで、いつも反省しきりです。その時も「はじめまして」と先に言ってしまった後でしたので、失礼してしまったと恐縮する私に「お会いしたのは以前、講演にいらしてくださったときです。もう7年も前になりますから、覚えていらっしゃらなくても当然です」と笑って許してくださり、控室へと案内をしてくださったのです。

7年前の講演の時もここと同じ会場だったと言われても、これまた記憶が定かでないことに申し訳なさと焦りを覚えた私ですが、大きな和室の控室に通された瞬間、ある光景が浮かびあがってきました。

その和室の障子の桟が独特な桟だったこともあるのですが、その障子の前でうなだれて泣いている一人の女性の姿がまざまざと目に浮かんだのです。

「どうしても先生のお話が聴きたくて。でも姑が許してくれなかったんです。嫁がなんで子どもを置いてまで人の話なんか聞きに行くんだって、叱られて。私、逃げるように飛び出してきてしまったんです。だから今日、どうやって家に帰ったらいいか……」。私が40歳前後の頃のことでした。同世代の女性が、こんなつらい思いをしてまで私の話を聴きに来てくださったのかと、胸が締め付けられる思いでした。

7年前のこの記憶を館長さんにお話ししたところ、「覚えていてくださったんですね。その時の女性、私です」という言葉が返ってきました。

弱々しく涙を流していた女性と目の前の女性センターの館長さんとが同一人物

だとはつながらなくて困惑している私に、「お義母さんにわかってもらえたんですよ。闘うのではなく、わかってもらう努力をしようと、先生のお話を伺って思って。もちろん時間はかかりましたけど、今はこうして働いている私の大の味方になってくれています」

北陸の土地に嫁いで、土地独特のしきたりに押しつぶされそうになり、嫁であるということで自分の時間も自分の生き方もすべて捨てさせられるような息苦しさの中からどうやって立ち直られたのか、その方は多くは語られませんでした。ただ「姑には姑の生き方があった。そのことに思いをはせたら、不思議ですね、自然と闘う気持ちが消えて。頑なになっていた心を少しずつ開けたような。姑も徐々に変わってくれまして」

7年前、泣き崩れていたその方の背中を何人かの女性たちがさすってあげていたことが思い出されて、そのこともお話したところ、「そうでした。支えてくれた仲間がいて。同じ境遇の者どうし愚痴をこぼしながらも支えあえたんですね。女性センターに来るのだけでも精一杯だった私が、今、こうして女性センターで働いているのは自分でも不思議ですが、幸せだと思います。あきらめなくて良かったです」

あきらめなかったこと、そして、同じ哀しみを味わっている女性たちの支えが得られたことが、結局、お姑さんとも心を分かち合えることにつながったということなのでしょうか。こういう方が地域で、女性たちの支援活動をしてくださっていることが、とても貴重で有難いことと思えます。

グローバルな経験をローカルな活躍に

ＴＢＳテレビの『ふるさとの夢』（２０１９年2月２０日）に出演した卒業生の話です。この番組は毎回、一つの町や村にスポットを当てて、その地域の魅力やそこで頑張っている人を紹介する番組です。

出演した野口菜々さん（２０１７年、国際社会学科卒業）のふるさとは新潟県佐渡市。「東京駅から新幹線とフェリーを乗り継いで5時間。東京２３区の１・5倍に相当する大きさで約5万５０００人が暮らす国内最大の離島です」というナレーションと共に紹介された佐渡の山や海の美しさに、まず目が奪われました。

野口さんはその佐渡市の南部赤泊地区で、特産の「かやの実」を加工してかりんとうを作って販売しています。取材カメラの前に学生時代そのままのやわらかで明るい笑顔で登場した野口さん。スタジオから「ぜったいいい人だ！」と言う声が聞かれました。

なぜ野口さんはこの「かやの実」を用いてかりんとう作りを始めたのでしょうか。きっかけは初代かりんとう作りの笠木隆子さん（９０歳）との出会いでした。佐渡を良くしたいという思いで長年、かりんとうを作っていらした笠木さんですが、高齢で後継者もいないことからこの仕事を断念していらしたとのことです。

一方、野口さんは学生時代に国際協力や貧困問題に興味があって、海外の仕事に就くことを志望して何度か海外研修に行く経験を重ねていました。しかし、日本やふるさとから出てみて、初めて地元の良さを再認識し、地元のために何か力になれる仕事に就きたいという気持ちが強まっていたところに、笠木さんとの出会いに恵まれたのです。

はじめはご両親や周囲からは反対の声が強かったそうです。「東京の大学まで出て、なぜ?」「普通に会社に勤めて、親孝行をしたら」という声に、「ここで負けてはいけないという気持ちだった。親の想像を超えて成長していくことも一つの親孝行。ここまでできるようになりました、こんな人間になりましたという姿を親に見てもらいたいと思った」そうです。

たった一人でかりんとう作りを始めた野口さんの奮闘ぶりを紹介する画面に、やわらかな笑顔のどこにそんな力が秘められているのかと思うほどでした。

かや(「榧」)は温暖多雨な気候で生育する常緑針葉樹で、碁盤や将棋盤として珍重されている植物で、その種は縄文時代の遺跡から出土され、戦後の食糧難を支えた食材になったとのことですが、秋に実を収穫して、2週間天日干しをし、殻を砕き、ミキサーで細かく砕いて、小麦粉・水・牛乳・卵・砂糖などと混ぜて、油で揚げて…等々、大変な根気と力のいる仕事です。

でも、野口さんはこう語ります。「かやの実でもっと故郷の赤泊や佐渡のことをいろいろな人に知ってもらいたい。私がこの道で少しでも花開くことができたら、若い子たちにもこういう道があって良いんだなと思ってもらえるかもしれません。自分たちの地元には何もないという気持ちもわかるけど、それはすごく寂しい。ちゃんと目を向ければそれぞれの地域に必ずいろいろな宝物があるはずなんです」

「最初は初めてのことばかり。個人事業の不安もいっぱいだった。でも周りが支えてくれて一歩一歩、ここまで来ることができました」と語る野口さんの活躍する姿を見ることができたのは、大学時代、同じゼミに所属していた友人が「地元で頑張っている野口さんを取り上げてください」と手紙を寄せてくれたからだと、番組の中で紹介されていました。

ちなみに野口さんの卒論は『島嶼地域における内発的発展の事例研究―佐渡島を過疎化から、より豊かな島へ』でした。卒論ゼミの指導教授だった定松文先生は「フィールド・スタディ（ＦＳ）で、中国の村に行って地元の宝物を大切にして発展することの重要性を知り、佐渡島の内発的発展を考えるようになりました。恵泉のFSはコミュニティラーニングへとつなげることが目的でもありますので、まさにカリキュラムの狙い通りに成長してくれた学生です。帰省するたびに佐渡のお菓子をゼミに買ってきてくれました。新学期のはじめはみんなのお土産であふれるゼミで、野口さんのご両親がつくられたお米をいただいたときは、みんなで手巻き寿司パーティーをひらいて、そのおいしさにみんな感動したほどです。野口さんのことを番組に紹介した進藤さんは山形出身で、地方出身の学生がゼミに数名いたこともよかったと思います」とのことです（「学長の部屋」2019年3月4日より）。

番組の最後には、ご両親がとてもおいしそうに野口さんが作ったかりんとうを食べていらっしゃいました。「菜々が決めた道。もう、なんにも言うことはない。全力で応援したい」。かやの実のかりんとうは佐渡市内のスーパーやフェリー乗り場の売店でも販売されています。春からは酒造との協働で新商品の販売をめざしているとのことです。いつ、どこにあっても、自分らしい目標を探し続け、大切な人や地域のために尽くす力、〝生涯就業力〟そのままの野口菜々さんの姿でした。

人に尽くす①——自分を愛するがゆえに

〝生涯就業力〟の中でも、とりわけ人に尽くすことを貫いた女性がいらっしゃいます。子どもたちの立ち直りを支えてきた女性、〝ばっちゃん〟こと元保護司の中本忠子（ちかこ）さんです。私はこの方との面識はありません。NHKのドキュメンタリー番組に登場されたのを拝見したのです。親に見放され、あるいは虐待を受けて居場所がないまま街をさまよい、空腹のあまりコンビニで万引きをしたり、非行に走ったりしてしまう子どもたち。そんな少年や少女に寄り添って30年余り、子どもたちの立ち直りを支えてきた中本忠子さんと子どもたちの触れ合いの日々を追ったNHKのドキュメンタリー番組でした（NHKスペシャル『ばっちゃん―子どもたちが立ち直る居場所』2017年1月7日放送）。

「非行の根っこには空腹がある。子どもにお腹をすかせてはいけない」と自宅を開放して手料理を振る舞い、親身に相談にのってくれる〝ばっちゃん〟は子どもたちの何よりの心のよりどころ。少年院を仮退院した一人の高校生が、まず向かった先が〝ばっちゃん〟のもとでした。〝ばっちゃん〟手作りの親子丼を一心に食べ終わった彼の口から出た言葉は、一言、「うまいっす！」

この番組に登場されたときの中本さんは82歳と年齢が記されていました。なぜこれほどまでに人に尽くせるのか、しかも30年余りの長きにわたって。こういう疑問を抱いた人は私だけではありません。中本さんの半生を追って著書『実像　広島の「ばっちゃん」中本忠子の真実〝広島のマザー・テレサ〟の知られざる半生』（KADOKAWA、2019年）を書かれた秋山千佳さんは、〝ばっちゃん〟になるまでの中本さんの半生は決して特異なものではなかった、と言っておられます。「戦争を経験し、戦後の貧しい時代に幼子を抱えて生き抜かなければならなかった女性は、彼女だけではなかっただろう。そしてこの現代にも、シングルマザーとして苦しい思いをしている人はたくさんいる。母子家庭の過半数は貧困層とされる。〝ばっちゃん〟の歩んできた道は、あなたの物語と重なっているかもしれない」と。

でも、だからと言って、皆がみな中本さんと同じ言動が取れるとは限りません。なにが中本さんにそこまでの行動をとらせたのでしょうか。秋山さんは中本さんの次のような言葉を紹介しておられます。

「うちは子どもが三人おるんだけど、子どもが私から離れた時には、近所の子に何かしてやれば、この子たちは遠いところで誰かの慈悲でやっていけるじゃろう。よその子に与えることによって、うちの子にも誰かが与えてくれるじゃろう。……という感じでおったよ」

わが子を愛するがゆえに、わが子を愛するように、他の子どもも愛したということでしょうか。子どもだけでなく、他の人に尽くす心の原点は、まず自分や自分に近しい人の大切さを知ることに他ならないことを教えられる思いです。

人に尽くす②――若い女性たちも

若い時は自分のことで精いっぱいで、中本さんのように人に尽くすことはなかなかできないと思われるかもしれませんが、けっしてそうではないことを、学生たちの姿に学ぶことも少なくありません。

毎年、開花予想に先駆けて東京日本橋で開催される〝日本一早いお花見〟があります。３６０度桜に包まれるアート空間には、いけばな草月流、志野流香道との伝統文化とのコラボレーションから生まれる幻想の異世界が広がって、圧巻の一言です。

ただ、私がご紹介したいのは、華やかな祭典の陰で働く恵泉女学園大学の学生たちの姿です（「学長の部屋」２０１9年3月１１日より）。

イベントが夜8時に終わって来場者が去ったあと、会場を飾っている生の桜木を鉢ごとシンク（洗い場）まで運び、透明な花瓶の中に積まれている飾り石の一つひとつを、そして、桜木を丁寧に洗い、水を換える作業を行うのです。花瓶はどれも大型で、しかも水と石が入っていてかなりの重さです。桜の花を散らさないよう細心の注意を払いつつ、シンクと会場の間を重い花瓶をカートに乗せて何回も往復している学生たちの姿に思わず目頭が熱くなる思いです。

「働くとは見返りを求めない愛かもしれない。見返りを求めず、社会のために尽くす。それを喜んでくれる人がいて、その人たちの喜びが自分の喜びになる。見えざる報酬とはこういうことでもある」。丹羽宇一郎氏の『仕事と心の流儀』(講談社現代新書、２０１９）の一節が思い出されます。

〝生涯就業力〟は、人生、何があってもめげずに、自分らしい目標を見失わないこと。そして、身近な大切な人や地域、社会に尽くすことに喜びを見出す力であることを繰り返し述べてきました。ややもすると利己的に走る人の多い昨今です。あるいは人よりも目立つことに価値を置く風潮も強まっています。それがＳＮＳやインスタグラムで自分を表現するブームになっているのかとも思います。

若いときはそうしたことに敏感になることも分かりますが、そんな時代だからなおのこと、華やかさの陰で、地道に尽くす学生の姿がまぶしく映るのです。

もっとも、この女性たちに、いつまでも、人のために、陰で尽くし続けてもらいたいと願っているわけではけっしてありません。むしろ、輝いてほしいと心から願っています。ただ、その輝きがけっして他の方を押しのけるものであってはならないと思うのです。若い時には人からの評価が気になり、目立ちたいという欲求をもつことは、あっていいのです。でも、その一方で、心から何かに尽くす、人のために尽くす、そうしたことの大切さを若いときだからこそ、経験してほしいと思うのです。そうした経験を大切に積み重ねた女性が、年齢と経験を経て社会のリーダーになったとき、誰一人として取り残すことのない社会が築かれることを願っています。

学び続けてこその〝生涯就業力〟

〝生涯就業力〟について語る本章もいよいよ最後のコーナーです。最後にお伝えしたいのは、〝生涯就業力〟は学校だけで学ぶものではないということです。文字通り、生涯にわたって磨き続けるものです。

それもあって、私は卒業生・社会人の女性たちと学びあう〝生涯就業力〟講座を、私がかかわっているNPO法人の子育てひろば「あい・ぽーと」（東京都港区青山及び千代田区麹町）で開催していることは、前にも述べた通りです。

ここでご紹介するのは、２０２０年の春に開催した講座の模様です。

まず、午前中は大学院の学生たちと、午後は子育てひろば利用者のお母様方と共に学びあいました。

大学院生と共に過ごした午前中は、恵泉女学園大学大学院平和学研究科を修了した方（上垣路得さん）が自身の修士論文について紹介し、それを受けて在籍中の1年生・2年生たちと共に語り合うという3時間のゼミでした。

上垣さんの修士論文タイトルは『主権者教育のまぼろし―学校・家庭・地域、それぞれの現状と課題』です。タイトルは固い印象かもしれませんが、問題意識の発端は、「女性が女性であるがゆえに被りながら、それが問題として認識されず、あたかも個人的な問題として私的領域に日常的に閉じ込められてきた悩み事や生きづらさを対象とし、それはけっして心の持ちようで解決することではなく、ジェンダーの影響に気づき、人の手によってつくられてきた制度、仕組み、法律、慣習、伝統を見直し、つくり変えなければ改善されない」という日常にしっかり根を下ろした切実な問いかけでした。

この回に参加した院生のうちの2人も社会人です。大学の非常勤講師をして子育てとキャリアに忙しく生きてきて、今、ふと立ち止まって学び直しの充電のときを持っているという人。専業主婦として生きてきて、この先の人生を見つめ、改めて新たな生き方を模索して大学院に辿り着いた人も。

後者の院生（フジオカ鶴子さん）は、私のゼミ生として、ちょうど修士論文を書き終えたところでした。タイトルは「今、語りはじめた女たち―子育て支援に現れる日本の中高年女性の姿』です。「人生100年時代」を生きる日本の中高年女性の「これまで」と「今」を精査し、「これから」の新しい生き方を検討したものです。近年、少子高齢化対策もあって、女性活躍が政策的にも喧伝されています。女性の人生は常に、その時々の社会経済的要請のもとで、ある意味、政策的に翻弄されてきた傾向にあり、女性が真の意味で自分らしい選択のもとで人生を生きてきたとはいえない。そうした歴史的経緯を踏まえつつ、真の女性活躍時代をめざすための中高年女性の自己実現の在り方を問い直したものですが、この修論も子育てひろば「あい・ぽーと」をフィールドとしたものでした。

この同じ日の夕刻から開催された講座には、主に子育て真っ最中の女性たちが参加してくれました。入門編と上級編に分けて、３日間にわたって実施したのですが、４０名を超える受講者の方々がほとんど休むことなく熱心に参加してくれました。タイトルは〝子どもをのばす母親の自己肯定感〟。子育てのハウツー的な印象を与えかねないタイトルですが、私が参加者にお伝えしたことは、子育てはけっしてハウツーではない（いくばくかのハウツーも含みますが……）、母親が自分自身を見つめ、あるがままの自分を受け入れる謙虚さと覚悟と強さをもつことの大切さでした。そして、それが子どものあるがままを受け入れられる包容力になればと願って、「ダメでいい。揺れていい。大いに悩み、揺れましょう。揺れることに胸を張って」というメッセージを送ったのです（＊）。

講座を終えて、何人もの方が列をつくって、私に声をかけてくださいました。子どもの育ちに悩み、あるいは自分は母親失格ではないかと涙を流す人。実母との確執に嗚咽する人……。なぜ女性が、母親が、かくもいつまでも涙を流すのかという思いですが、その方々の涙に、「わたしの辛さをわたしだけの経験として語るのではなく、個人的なことにとどめるのではなく、どのように社会が変わればよいのかを訴え、社会の構造に変化をもたらすために働きかけることが必要であることに気づくこと。そして、その行動に繋げるために何が必要なのか、自分はどう変わるのか、自分と社会の関係性を問い直すことで、〝わたしはどうありたいのか〟を問い直す機会にしたい」という上垣さんの視点の大切さを改めて思いました。

女性たちが学び続けること、それが〝生涯就業力〟につながることを心から願いたいと思います。

●参考・女性の生き方にかかわる3つのテーマと3つのステップ

「社会人・卒業生のための〝生涯就業力〟講座―あなたの明日を拓くために」の趣旨は、社会人となって、主な生活の場を家庭や地域、職場で過ごしている女性たちが、自身の今を見つめ、社会に目を開き、未来をしなやかに、強か（した

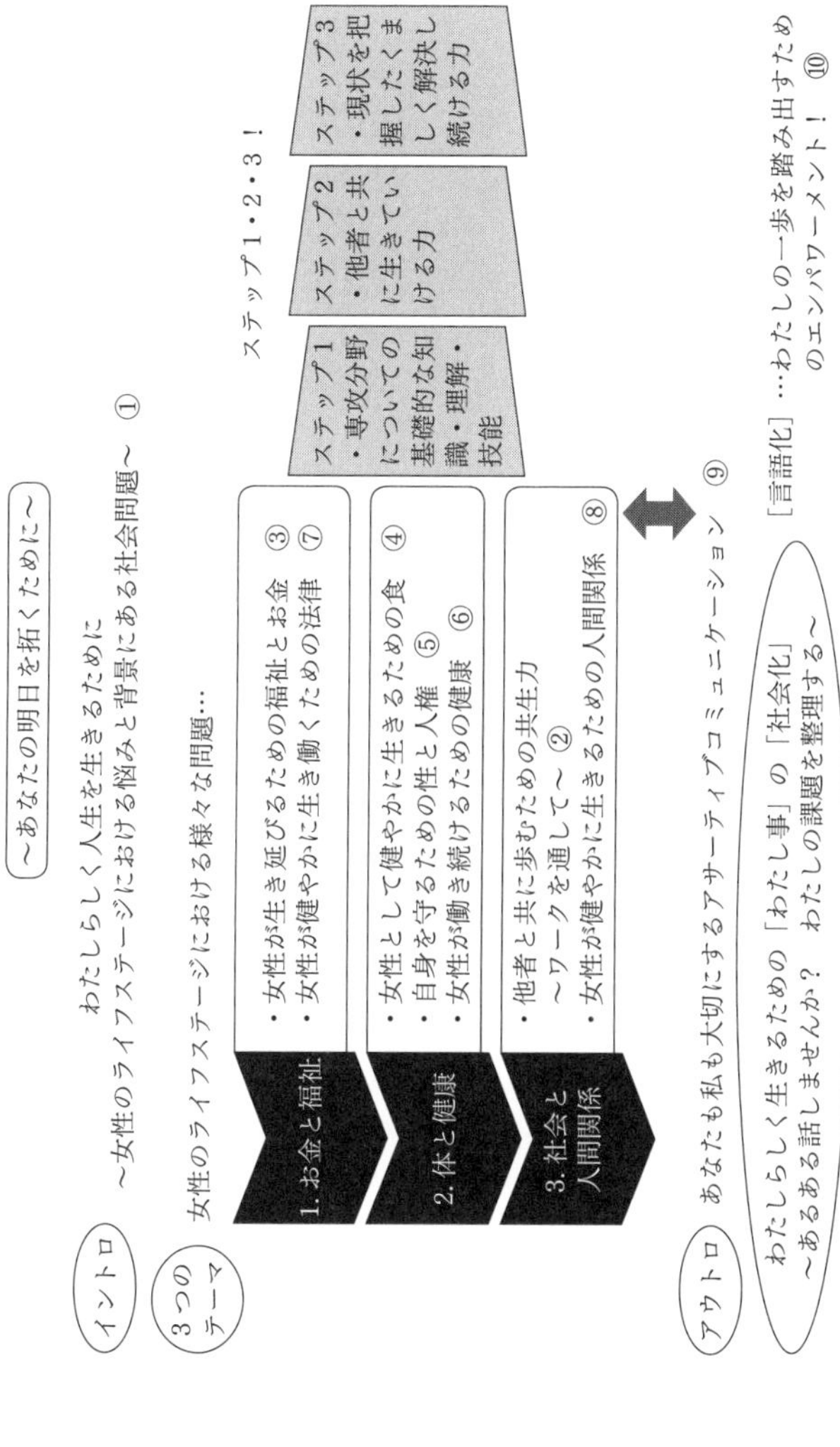
イントロ
〜あなたの明日を拓くために〜
わたしらしく人生を生きるために
〜女性のライフステージにおける悩みと背景にある社会問題〜 ①
3つのテーマ
女性のライフステージにおける様々な問題…
1. お金と福祉
・女性が生き延びるための福祉とお金 ③
・女性が健やかに生き働くための法律 ⑦
2. 体と健康
・女性として健やかに生きるための食 ④
・自身を守るための性と人権 ⑤
・女性が働き続けるための健康 ⑥
3. 社会と人間関係
・他者と共に歩むための共生力
〜ワークを通して〜 ②
・女性が健やかに生きるための人間関係 ⑧
ステップ1・2・3！
ステップ1・専攻分野についての基礎的な知識・理解・技能
ステップ2・他者と共に生きていける力
ステップ3・現状を把握したくましく解決し続ける力
アウトロ
あなたも私も大切にするアサーティブコミュニケーション ⑨
わたしらしく生きるための「わたし事」の「社会化」
〜あるある話しませんか？　わたしの課題を整理する〜
[言語化]…わたしの一歩を踏み出すためのエンパワーメント！ ⑩

女性の生き方にかかわる３つのテーマと３つのステップ

たか）に拓いていく力をつけていただくことを目指したものです。各地の女性たちの学びの場で活用していただけたらと思い、概要図（上垣路得さん作成）を参考までにここに記載しておきます。

女性の生き方にかかわる3つのテーマと3つのステップ
テーマ：「お金と福祉」「体と健康」「社会と人間関係」
ステップ1：各分野についての知識・理解・技能を磨く
ステップ2：講師の話を一方的に聞くだけでなく、参加者どうしのディスカッションやワークを通して、他者と共に歩み、共に生きていく力を磨く
ステップ3：ステップ1・2の学びを通して、現状の課題を把握し、解決しようとする力を磨く

＊この講座でお話した趣旨は、大日向雅美著『もう悩まない！自己肯定の幸せ子育て』（河出書房新社、2020年4月）として刊行しました。

おわりに——時代の風は女性のために吹き始めている！

これまで日本の女性たちが置かれている場所・立場の問題性をいろいろな角度から見てきました。そこから明らかとなったことは、女性活躍旋風が吹いているのにもかかわらず、実態はそれとは程遠いことでした。でも、確かに新しい動きが見え始めていることもお伝えしてきました。

今こそ女性が本当に自分らしく生きるチャンスです。それを女性が自らの手で勝ち取るときです。お仕着せの女性活躍に媚を売っているときではありません。見せかけの女性活躍に打ちひしがれているのも、もったいないことです。女性活躍とはこうありたいと、女性自身から発信すべきときです。

時代の風は女性のために吹き始めていることを、新型コロナウィルス感染拡大が世界中に広がっている今、この原稿を執筆しつつ痛感しています。

新型コロナウィルスの恐ろしさは、感染ルートや治療法が見えにくいだけではありません。見えない敵と戦う恐怖が人間不信を呼び、混乱の中で露出する利己的な言動はウィルス以上の毒をもっています。こうしたときだからこそ、人間の知性と品性が問われているのです。ウィルスとの闘いに勝つためには、まず、いたずらに不安に流されず、状況を的確に見極め、冷静な判断に基づいて行動することです。そして、一つひとつの行動が自分自身を、そして、他者を尊重する心に裏付けられているかを常に振り返ることが大切です。国境を越えて叡知を出しあい、支えあうために、自分を大切にするのと同じように他者や社会に尽くす〝生涯就業力〟が求められていることを、私は強く訴えたいと思います。

新型コロナウィルス対策で、見事にパンデミックを抑えた国に共通していることがあります。それは女性が国のトップに立っていることです。①ドイツのAngela Merkel（アンゲラ・メルケル）首相、②中華民国の蔡英文（ツァイ・インウェイ）総統、③ニュージーランドのJacinda Ardern（ジャシンダ・アーダーン）首相、④フィンランドのSanna Marin（サンナ・マリン）首相、⑤アイスランドのKatrin Jakobsdottir（カトリーン・ヤコブスドッティル）首相、⑥デンマークの Mette Frederiksen（メッテ・フレデリクセン）首相、⑦ノルウェーの Erna Solberg（エルナ・ソルベルグ）首相、などです。

この女性リーダーたちに共通していることの一つは「率直さと決断力」といわれています。現実を否定したり、情報隠しに走ったりせずに、科学的根拠と確かな分析力に基づいた情報提供に務めたことです。もう一つは「思いやりと共感力」です。全国民に向けて「強く、しかし、やさしく」と訴え続け、あるいは不安におびえる子どもたちにメッセージを送り続けたことなどは、その国の人だけでなく世界中の人々を励まし、コロナに打ち勝とうという結束の思いへとつなげています。

まさに、女性活躍時代を生きる女性リーダーたちの姿ですが、それは女性だから成し得たというよりも、性を越えた知性と人としての品性を備えていたということを心に留めたいと思います。女性であることがかかわっているとしたら、女性であるがゆえの生きづらさ、グラスシーリングを突き破るためのたゆまぬ努力と研鑽があったことだと思います。確かな知識に裏付けられた決断力と他の人を思う心で、しなやかに凛としてコロナに立ち向かう姿に胸打たれる思いです。

本書の最後に私から読者のみなさんにお贈りする言葉、それはパリ市の紋章に刻まれている「たゆたえども沈まず」です。パリ市には20の行政区がありますが、すべての区の紋章に、波に揺れる帆船を描いた図柄と共に「たゆたえども沈まず」を意味するラテン語〝Fluctuat nec mergitur〟の文字が刻まれています。

恵泉女学園大学の学長就任の際、私は、学校法人恵泉女学園の宗雪雅幸理事長（富士写真フイルム・現富士フイルム元社長）から「たゆたえども沈まず」、この言葉を頂戴しました。「強い風が吹き、波は荒れ、船が揺れたとしても、けっして沈まないという意味です」という言葉を添えて、企業経営の厳しさに鍛えられた経験を縷々語りながら、大学運営の心得として贈ってくれたものです。

パリにはこの言葉に象徴される歴史があることは世界史に刻まれています。カペー朝、ヴァロア朝、ブルボン朝と、多くの支配権下での争いに翻弄され、第二次世界大戦下ではナチス政権の率いるドイツ軍に占領され、4年にも及ぶ苦しい時を重ねています。こうした苦難の目に遭いながらも、われわれはけっして沈まないというパリの人々の強い意志を、20区それぞれが掲げている紋章に感じます。

私はこの年まで生きてきて人生は晴れの日ばかりではないことを思います。波風に揺れる日もありましたが、でも、人生は荒れているだけではもちろんありません。明けない夜がないように、止まない雨もない、必ず晴れの日が訪れます。苦しくて、先が見えないと思うときは、波に身を任せていればいい。沈みさえしなければ、必ず、船も、人も前進します。沈まずに揺れることも人生の力です。

本書は〝はじめに〟にも記しましたが、若い女性たちに向けて書かせてもらいました。若い女性たちが生きるこれからの社会はなかなか予測ができない、変化の激しい時代です。そうであれば、時の流れに抗うことだけが術ではありません。抗わずに揺れる時も大切です。揺れる心は立ち止まる慎重さをもたらしてくれます。揺れるからこそ、自分の足元や周囲を見つめる冷静さと、周囲の方々の力を借り、共に生きる謙虚な心が芽生えることでしょう。そうした力を蓄えながら前に向かって一歩一歩進むことが、結局は人生の実りとなるはずです。そのために何があってもあきらめずに、目標を見失わず、周囲の方々と共に、〝生涯就業力〟を磨き続けてほしいと心から願っています。

まもなく古希を迎える年齢となってこれまでを振り返るとき、私の一生は女性の一生を見つめ、考える時間であったことを思います。女性の人生を母であることだけに閉じ込めようとする日本社会の母性神話の弊害に疑問を抱いて研究者としてのスタートを切り、思い通りにならない人生に涙する多くの女性たちの声を聴き続けて半世紀余りです。その一方、女子大に勤務する機会を与えられて30余年、社会に巣立つ前の若い学生たちの希望に満ちた姿を愛おしく思う気持ちは募るばかりです。研究者として、教員として、そして、2人の娘の母として、どうか女性の一生が豊かに守られるようにとの願いをこめた〝生涯就業力〟を、今、女子大の教育の中枢に据え、展開に向けて実践を積み重ねることができていることを嬉しく思います。日々、しなやかに凛として成長してくれる学生の姿に励まされながら、〝生涯就業力〟の実践に共に尽力してくれている恵泉女学園大学の教職員にはただただ感謝です。

本書を刊行できましたのは、日本評論社の遠藤俊夫氏のお陰です。『母性の研究』以来、私のライフワークを一貫して見守り、お力添えくださっている氏に心からの感謝を申し上げて、筆を擱かせていただきます。

大日向雅美

二〇二〇年五月

大日向雅美（おおひなた　まさみ）

1950年生まれ。現在、恵泉女学園大学学長。

お茶の水女子大学卒業。同大学院修士課程終了。東京都立大学大学院博士課程満期退学。学術博士（お茶の水女子大学）。

1970年代初めのコインロッカー・ベビー事件を契機に、母親の育児ストレスや育児不安の研究に取り組む。2003年よりNPO法人あい・ぽーとステーション代表理事、子育てひろば「あい・ぽーと」施設長として、社会や地域で子育てを支える活動に従事。内閣府：社会保障制度改革推進会議委員、子ども・子育て会議委員、厚生労働省：社会保障審議会委員、NHK：中央放送番組審議会委員等を務め、男女共同参画社会づくり功労者内閣総理大臣表彰(2018年)、NHK放送文化賞（2019年）。

主な著書に『子育てと出会うとき』(NHKブックス)、『「子育て支援が親をダメにする」なんて言わせない』(岩波書店)、『[新装版] 母性の研究』(日本評論社)、『増補　母性愛神話の罠』(日本評論社)、『「人生案内」にみる女性の生き方』(日本評論社)、『もう悩まない！自己肯定の幸せ子育て』(河出書房新社) ほか多数。

女性《じょせい》の一生《いっしょう》

2020年7月25日　第1版第1刷発行

著　者――大日向雅美
発行所――株式会社 日本評論社
〒170-8474 東京都豊島区南大塚3-12-4
電話 03-3987-8621(販売) -8598(編集)
印刷所――港北出版印刷株式会社
製本所――株式会社難波製本
装　幀――臼井新太郎装釘室
装　画――アライマリヤ
検印省略　© Masami Ohinata 2020
ISBN978-4-535-58754-0　Printed in Japan